NOTICE HISTORIQUE

SUR

ÉVRON,

Son Abbaye et ses Monuments,

PAR L'ABBÉ GERAULT, CURÉ D'ÉVRON.

LAVAL,

Imprimerie de SAUVAGE-HARDY, éditeur, rue Napoléon.

1838.

PRÉFACE.

Les beaux monumens religieux de la petite ville d'Évron sont restés presqu'inconnus jusqu'à présent, quoiqu'ils soient bien dignes de l'attention des amateurs, dans ce siècle où tout le monde étudie avec une louable ardeur, les anciens édifices dont la religion a jadis enrichi notre patrie. Plein du désir de les tirer de l'oubli, j'avais pris la résolution de préparer un article et de le faire insérer dans le *Magasin universel*. Mais plusieurs personnes m'ont prié instamment de mettre au jour, de préférence, les chroniques que j'avais commencé à rédiger, d'après l'invitation de monseig. l'évêque du Mans à MM. les curés de son diocèse, par sa circulaire du 1er avril 1835.

Je me suis rendu, par condescendance, à ces sollicitations et j'ai employé le peu de temps que les nombreuses occupations de mon ministère laissent à ma disposition pour écrire une notice historique sur Évron, ou plutôt sur son abbaye, car ce sont les bénédictins qui ont illustré cette petite ville par leur présence, leurs bienfaits et les chefs-d'œuvre qu'ils y ont laissés. Le précieux

Cartulaire, que j'ai entre les mains, me procurera l'avantage d'être exact dans les détails qui seront d'autant plus curieux et intéressans, qu'on a écrit peu de chose sur Évron et son abbaye. La *Cenomania*, dont il existe un très-petit nombre d'exemplaires, se borne à quelques indications ; les *Bollandistes* et *Mabillon*, dans ses analectes, ne parlent guère que de la fondation du *monastère*, et l'historien des évêques du Mans ne s'en occupe que par occasion. Quant à *Le Paige*, auteur du Dictionnaire du Maine, il n'a point écrit, comme tout le monde sait, d'article particulier sur Évron. Cette omission fâcheuse a été volontaire de la part de ce chanoine : il voulut se venger, de ce que le *prieur claustral*, *Dom Renaudin*, refusa dans un mouvement de mauvaise humeur et peut-être par jalousie, de lui donner les renseignemens qu'il avait sollicités.

Je n'ai pas cru devoir indiquer, dans le courant de cette notice, tous les abbés qui ont gouverné le monastère : quelques uns n'ont rien fait d'important et souvent on ne connaît que leur nom. J'ai donc préféré, dans l'intérêt de la narration, et pour éviter l'ennui qu'occasionneraient des citations insignifiantes, raconter de suite les faits les plus remarquables. Cependant, pour réparer cette omission, j'ai placé, à la fin de ce petit ouvrage, un tableau chronologique des abbés d'Évron. J'ai même cru devoir ajouter ensuite les *prieurés* qui dépendaient de l'abbaye, citer les noms des paroisses qui étaient soumises à la juridiction du *bailliage*, celles qui faisaient partie de *l'ancien doyenné*, les cures à la présentation de l'abbé et des religieux et les communes qui dépendent actuellement du *canton* d'Évron.

Le *cartulaire*, dont je me suis servi avec tant d'avantage, a été écrit en latin par un religieux d'Évron, *Ignace Chevalier;* c'est un extrait du chartrier de l'abbaye. Il a été conservé par le dernier prieur *Dom Barbier;* et ses héritiers, depuis quelques années, en ont fait présent à la bibliothèque du presbytère d'Évron. Ce manuscrit finit malheureusement en 1668; et c'est avec beaucoup de peine, que j'ai recueilli les faits qui se sont passés depuis cette époque. Après avoir interrogé les anciens du lieu et du voisinage, j'ai été souvent obligé de comparer des rapports contradictoires, de les examiner scrupuleusement et de les discuter pour arriver au vrai. Néanmoins, malgré toutes ces précautions, je n'ai pu quelquefois citer des dates tout-à-fait précises; mais l'historique est incontestable.

Quelques personnes me reprocheront peut-être d'avoir été minutieux dans la citation de certains faits, qui leur sembleront peu importans ; mais je les prie de se rappeler que, dans une histoire locale, les petits détails sont absolument nécessaires. J'espère au moins que tout le monde verra, avec plaisir, cet ouvrage enrichi de différentes lithographies. Elles serviront à donner une juste idée de nos monumens à ceux qui ne les ont pas vus. Je les ai fait mettre dans un cahier séparé, formant un petit atlas, parce qu'elles ne pouvaient être insérées dans la notice, à cause de la différence du format.

NOTICE.

NOTICE HISTORIQUE

sur Évron,

SON ABBAYE ET SES MONUMENS.

ÉVRON, petite ville du département de la Mayenne, était primitivement environné de forêts. Ce lieu se nommait *Aurion*, mot celtique qui signifie *Corbeau*. St. Thuribe, second évêque du Mans, qui vivait à la fin du IIIe siècle, y trouva, dans le cours de ses excursions apostoliques, un petit nombre de chrétiens. Comme ils n'avaient point où s'assembler, pour la célébration des saints mystères, le pieux prélat leur fit construire une chapelle qu'il consacra à la Ste. Vierge. Il la déclara dépendante et tributaire de l'église du Mans et elle devait lui fournir annuellement trois livres de cire et quatre pintes d'huile (1).

Chapelle bâtie à Évron par St. Thuribe.

On ne sait rien d'intéressant sur Évron jusqu'au milieu du VIIe siècle. Mais les légendaires, d'accord avec la tradition, disent qu'à cette époque, St. Hadouin, douxième évêque du Mans, y bâtit une église

St. Hadouin bâtit une église, à l'occasion d'un miracle.

(1). Mabillon, Analect. tom. 3, pag. 63. Courvaisier, histoire des évêques du Mans, pag. 79.

plus grande que celle de St. Thuribe, à l'occasion d'un miracle qui s'opéra sous ses yeux. C'est ainsi que nos vieux monumens ont cent histoires merveilleuses à nous redire. Ici, les chroniqueurs ne nous racontent pas de hauts faits, d'illustres souvenirs : au milieu d'une forêt, sur le bord d'une fontaine, ils ont mis en scène les touchantes aventures d'un pélerin. Or voici ce qu'ils ont écrit (2).

Histoire du pélerin portant une relique de la Ste. Vierge.

Un pélerin revenant de la Terre-Sainte, passa par Évron, l'an 648, chargé d'une relique de la Ste. Vierge. Comme il était fatigué du chemin, il s'arrêta sur le bord d'une fontaine. Elle était à côté de la chapelle bâtie par St. Thuribe et entourée d'une épaisse forêt. La beauté et la fraîcheur du lieu l'engagèrent à s'y arrêter. Il déposa donc la mallette, où était la relique qu'il portait, et il la suspendit à une aubépine qui couvrait la fontaine. S'étant couché à l'ombre de ses branches, il s'endormit. A son réveil, il voulut reprendre sa mallette ; mais comme il ne pouvait, malgré ses efforts, l'arracher de l'arbrisseau qui avait grandi tout-à-coup, les habitans, témoins de cette merveille, coururent à la hâte chercher l'évêque Hadouin qui, après une fervente prière, la détacha sans difficulté. Le pélerin, frappé de ce miracle, comprit que Dieu voulait que la relique fut

(2). Analect, page 159. Courvais., page 228. Gallia christiana, page 346, tome 4.

NOTICE HISTORIQUE

sur Évron,

SON ABBAYE ET SES MONUMENS.

Chapelle bâtie à Évron par St. Thuribe.

Évron, petite ville du département de la Mayenne, était primitivement environné de forêts. Ce lieu se nommait *Aurion*, mot celtique qui signifie *Corbeau*. St. Thuribe, second évêque du Mans, qui vivait à la fin du IIIe siècle, y trouva, dans le cours de ses excursions apostoliques, un petit nombre de chrétiens. Comme ils n'avaient point où s'assembler, pour la célébration des saints mystères, le pieux prélat leur fit construire une chapelle qu'il consacra à la Ste. Vierge. Il la déclara dépendante et tributaire de l'église du Mans et elle devait lui fournir annuellement trois livres de cire et quatre pintes d'huile (1).

St. Hadouin bâtit une église, à l'occasion d'un miracle.

On ne sait rien d'intéressant sur Évron jusqu'au milieu du VIIe siècle. Mais les légendaires, d'accord avec la tradition, disent qu'à cette époque, St. Hadouin, douzième évêque du Mans, y bâtit une église

(1). Mabillon, Analect. tom. 3, pag. 63. Courvaisier, histoire des évêques du Mans, pag. 79.

plus grande que celle de St. Thuribe, à l'occasion d'un miracle qui s'opéra sous ses yeux. C'est ainsi que nos vieux monumens ont cent histoires merveilleuses à nous redire. Ici, les chroniqueurs ne nous racontent pas de hauts faits, d'illustres souvenirs : au milieu d'une forêt, sur le bord d'une fontaine, ils ont mis en scène les touchantes aventures d'un pélerin. Or voici ce qu'ils ont écrit (2).

Histoire du pélerin portant une relique de la Ste. Vierge.

Un pélerin revenant de la Terre-Sainte, passa par Évron, l'an 648, chargé d'une relique de la Ste. Vierge. Comme il était fatigué du chemin, il s'arrêta sur le bord d'une fontaine. Elle était à côté de la chapelle bâtie par St. Thuribe et entourée d'une épaisse forêt. La beauté et la fraîcheur du lieu l'engagèrent à s'y arrêter. Il déposa donc la mallette, où était la relique qu'il portait, et il la suspendit à une aubépine qui couvrait la fontaine. S'étant couché à l'ombre de ses branches, il s'endormit. A son réveil, il voulut reprendre sa mallette ; mais comme il ne pouvait, malgré ses efforts, l'arracher de l'arbrisseau qui avait grandi tout-à-coup, les habitans, témoins de cette merveille, coururent à la hâte chercher l'évêque Hadouin qui, après une fervente prière, la détacha sans difficulté. Le pélerin, frappé de ce miracle, comprit que Dieu voulait que la relique fut

(2). Analect, page 159. Courvais., page 228. Gallia christiana, page 346, tome 4.

honorée dans ce lieu ; c'est pourquoi il la remit au pontife qui fit élever, en l'honneur de la Ste. Vierge, une église où il déposa ce précieux trésor. Depuis ce moment, Évron devint célèbre par le concours des nombreux pélerins qu'une tendre et pieuse dévotion pour la mère de Dieu, y attira continuellement.

St. Hadouin fonde un monastère.

St. Hadouin fonda, en même temps, un monastère qu'il dota avec magnificence. Il y mit des religieux de l'ordre de St. Benoît, qui devaient être soumis à l'évêque et à l'église du Mans. Mais ils cessèrent à la fin du VIIIe siècle, sous le pontificat de Joseph, de payer les redevances auxquelles ils étaient tenus. Ils profitèrent des malheurs de ce prélat impuissant qui passa les dernières années de sa vie dans une affreuse prison, juste châtiment de ses cruautés et de ses violences (3).

Opinion populaire sur la relique miraculeuse de la Ste. Vierge.

Les religieux de l'abbaye, qui se sont toujours crus en possession de la relique du pélerin, l'exposaient souvent à la vénération publique. Les malades accouraient de toutes parts, pour réclamer la puissante intercession de la mère de Dieu, et des guérisons miraculeuses étaient souvent la récompense de la vivacité de leur foi. Courvaisier qui, avant d'écrire son histoire des évêques du Mans, était venu lui-

(3). Courvais., page 271.

même visiter les lieux, dit avoir appris *de plusieurs personnes de qualité et dignes de foi, que toutes sortes de malades et surtout les femmes qui étaient privées de lait, voyaient leurs vœux exaucés* (4). Ces merveilles renouvelées fréquemment, en faveur des nourrices, firent supposer au peuple que la relique était *du lait de la Ste. Vierge.* Cette opinion a prévalu et elle s'est propagée de siècle en siècle.

Dévotion des peuples et des grands pour la sainte relique.

Jadis, dans les jours de calamité, on portait la sainte relique en procession et l'affluence des peuples était immense. Le clergé de Laval vint processionnellement l'honorer, en 1584 et 1628, à l'occasion d'une maladie contagieuse qui faisait des ravages effrayans (5). Les grands eux-mêmes se firent un devoir de lui rendre leurs hommages. Le comte Guy de Laval, grand-maître de la maison du roi, fonda, en 1495, une rente de cinq livres, à condition que les religieux lui présenteraient la *relique du lait de la Ste. Vierge,* quand il viendrait à Évron. Il stipula le même privilège pour ses descendans.

De nos jours encore, l'antique dévotion s'est perpétuée et on se presse avec respect autour de cet objet vénéré, aux fêtes de la Ste. Vierge. Le reliquaire, où est renfermée la précieuse relique, est

(4). Courvais, page 230.

(5). Le Paige, article Laval, page 482.

en vermeil ; il a été donné par François de Châteaubriant, second abbé commandataire d'Évron et il porte ses armes. Ce reliquaire fut fait sur le modèle de l'ancien qu'il remplaça : au milieu, est un tube ou une fiole qui contient *le lait de la Ste. Vierge*, selon la tradition vulgaire. La relique n'a point d'autre authentique que la tradition, la confiance constante du peuple et surtout la foi vive des siècles anciens, attestée par les peintures des vitraux du chœur et les bas-reliefs sculptés sur les murailles de l'église abbatiale, où l'on a représenté le pèlerin dormant auprès de la fontaine, St. Hadouin priant au pied de l'aubépine (6) et détachant enfin la relique. Mais ces divers ornemens sont comme autant de témoins irrécusables qui constatent son authenticité. Les évêques du Mans ont cru devoir tour-à-tour respecter la croyance et la vénération des fidèles (7).

Authenticité de la Ste. Relique.

---

(7). M. Bouvier, évêque du Mans, étant venu, le 5 juillet 1834, faire sa première visite pastorale à Évron, défendit d'exposer la relique, jusqu'à ce qu'il eût fait faire une enquête. Le bruit s'en répandit bientôt et il s'éleva des murmures de toutes parts ; des gens mal intentionnés, et qui voulaient faire du scandale, supposèrent même que le prélat avait emporté la relique.

Cependant, M. l'abbé Heurtebize, vicaire général, ayant été chargé de l'enquête, fit un rapport favorable et Monseig. autorisa la dévotion du peuple par la lettre suivante, conservée dans les archives de la fabrique.

Ernée, ce 12 octobre 1834.

D'après ce que vous me dites et ce que m'écrit aussi M. Heurtebize,

L'homme en effet s'attache fortement aux croyances que les siècles reculés lui lèguent, comme par héritage; sa foi s'affermit et sa confiance s'accroît, quand la tradition se trouve soutenue par des monumens qui frappent ses sens.

Ce fut également, pour consacrer le fait miraculeux arrivé au pèlerin, qu'on avait mis derrière le grand autel un tronc d'arbre artistement fait en pyramide et entortillé de branches d'épines qui semblaient sortir de ce tronc. Au bas, était une

---

je consens, M. le curé, à ce que vous continuiez d'honorer la relique en question.

Vous allez recevoir incessamment un mandement qui ordonne des prières publiques pour demander de la pluie. Je vous permets, à cette occasion, de faire une procession telle que vous la demandez. (C'était une procession avec la relique, réclamée par les habitans de la campagne d'Évron.)

Votre affectionné et dévoué serviteur,

JEAN-BAPTISTE, év. du Mans.

Une seconde permission de faire la procession avec la relique fut encore accordée par le même pontife, le 25 juillet de l'année suivante 1835, à cause de la grande sécheresse.

Le reliquaire, où est renfermée la relique si vénérée, a été enrichi à la fin du mois de novembre 1836, d'une nouvelle relique de la Ste. Vierge (ex sacrâ veste), obtenue à Rome le 14 juillet 1836. L'authentique a été visée au Mans, le 8 octobre de la même année, par Monseig. l'évêque qui a permis en même temps d'exposer solennellement cette relique.

Ainsi, les habitans d'Évron conserveront leur antique reliquaire; ils sont sûrs qu'il renferme maintenant un objet digne de leurs hommages, et que personne ne pourra leur contester.

niche où on avait placé une image d'argent de la Ste. Vierge, et ceux qui visitaient l'église, lui faisaient toucher leurs chapelets. Aussi, on nommait anciennement l'église d'Évron, *Notre-Dame de l'Épine-Sainte.* Ce tronc disparut au commencement du XVIe siècle, quand François de Châteaubriant fit reconstruire le maître-autel. Peut-être, se servit-on de ce prétexte pour faire cesser des abus superstitieux.

Premier abbé d'Évron.

Les religieux établis par St. Hadouin devaient veiller jour et nuit à la garde de la Ste. relique et on assure que le pélerin voulut partager ce pieux office. Agobert, abbé de *Diablinte* (8), qui avait été chargé de l'organisation de ce nouveau monastère, en fut le premier abbé. On ignore le nom de ceux qui le gouvernèrent après lui, jusqu'à l'invasion des Normands en France, parce que ces barbares détruisirent les archives de l'abbaye. Mais Mabillon et Courvaisier nous apprennent que ce monastère acquit de

(8). Quelques-uns, entr'autres l'abbé Lebœuf, croient que le monastère que dirigeait cet abbé (abbas duriagentis), était le *Douçai*, aujourd'hui hameau de Jublains.

L'abbe Guyard de la Fosse, qui a écrit l'histoire de la ville de Mayenne (ouvrage manuscrit de la bibliothèque du Mans), prétend que le *Monasterium St. Martini in Diablentica,* occupait l'emplacement de l'église de St.-Martin, faubourg de Mayenne, où existait un prieuré dont la fondation était extrêmement ancienne.

Je ne me permettrai point de décider lequel des deux auteurs a raison.

la célébrité et que Gauziolène, évêque du Mans, choisit un des religieux pour chorévêque (9). Il s'appelait Mérole, et il était né à Évron. Charlemagne le nomma évêque vers l'an 778, quand Hodingue, qui avait succédé à Gauziolène, eut donné sa démission, après deux ans seulement d'épiscopat. Mérole réforma les abus que son timide prédécesseur n'avait osé attaquer. Ce prélat, distingué par son savoir, sa prudence et son zèle, mourut en 784, dans le monastère d'Évron, où il passait tout le temps dont il pouvait disposer. Son corps fut transporté au Mans et inhumé dans l'église du Pré (10).

Mérole, religieux d'Évron, nommé à l'évêché du Mans.

L'église et l'abbaye détruites par les Normands.

Cependant les pieux religieux vivaient en paix, dans les exercices de la dévotion, auprès de la relique de la Ste. Vierge, lorsque, dans le IXe siècle, les Normands, fondant sur la France, mirent tout à feu et à sang par où ils passèrent. Évron ne fut pas épargné, car ils pillèrent et renversèrent l'église et le monastère. Courvaisier et le cartulaire de l'abbaye attestent que le chef de ces barbares, qui força postérieurement Charles-le-Simple à lui céder le comté de Blois, resta maître du pays et des biens des religieux qui avaient pris la fuite (11). Cette terre, jusqu'alors si florissante et vivifiée par

(9). Courv., page 263. — Analect, page 160.

(10). Courv., page 268. — Analect, page 242 et 248.

(11). Courv., page 304.

la présence de vertueux cénobites, n'offrit plus aux regards attristés que l'image hideuse de la solitude et de la dévastation.

Déjà plus d'un siècle s'était écoulé, depuis la funeste invasion des Normands, quand Robert, vicomte de Blois, hérita, en 981, parmi plusieurs belles terres que ses parens lui avaient réservées pour son apanage, du lieu d'Évron et de ses dépendances. Ce seigneur étant venu visiter ses domaines, demanda ce que signifiaient les ruines qu'il voyait. Dès qu'il eut appris que là existait autrefois une vieille abbaye et à côté une église célèbre par la dévotion des peuples pour la Ste. Vierge, à cause d'une relique miraculeuse, il prit la résolution de réparer les ravages qu'avaient commis ses aïeux. Il restaura donc le monastère et il lui fit rendre une partie de ses possessions; lui-même, il restitua la seigneurie d'Évron avec les terres, les prairies et les forêts qui en dépendaient (12).

Rétablissement de l'abbaye par le vicomte Robert.

Entre les églises qui furent alors remises aux religieux, se trouvent citées l'église de St.-Martin, aux portes de l'abbaye, et celle de St.-Martin-des-Champs, à l'entrée de la ville. Ces deux églises,

Église paroissiale de St.-Martin et église de St.-Martin-des-Champs.

(12). Courv., page 328, et le cartulaire de l'abbaye, dans lequel est conservée une copie de l'acte, contenant les différentes donations faites par le vicomte Robert.

conservées et restaurées de siècle en siècle, servirent tour à tour d'église paroissiale, selon la tradition. Mais il paraît certain que la première a toujours été en possession de ce titre; elle fut détruite de fond en comble à l'époque de la révolution et remplacée par une plantation de tilleuls. La seconde, qui n'était plus alors qu'une chapelle, a disparu également et sur ses débris on a construit un four à chaux.

Religieux de St. Pierre-de-Chartres, mis en possession de l'abbaye.

Le vicomte Robert, voulant établir à Évron l'observance de la discipline régulière, demanda des moines à Wibert, abbé de St.-Pierre-de-Chartres, qui s'empressa de répondre à ses désirs. Thedbert, religieux d'une vertu consommée, fut le premier abbé de ce monastère restauré (13). La charte que le vicomte de Blois donna à cette occasion, est de 987. Il présenta, l'année suivante, au roi Hugues-Capet, qui venait de monter sur le trône, l'acte des donations faites au monastère érigé en abbaye par le pape Jean XV.

Alors le pays d'Évron reconquit bientôt son antique célébrité par l'affluence des pélerins, et la communauté reprit en même temps sa première splendeur. Thedbert obtint, en 994, de Hugues Ier,

(13). Courv., page 329.

comte du Maine, des marchés qui furent fixés au jeudi de chaque semaine, et une foire, le jour de la Nativité de la Ste. Vierge. Le privilège est écrit en latin.

Foires et marchés établis à Evron.

Le généreux Robert, après avoir rétabli le monastère d'Évron, voulut encore bâtir pour les religieux une belle église sur les ruines de celle de St. Hadouin. Il l'enrichit d'un crucifix couvert de lames d'or, d'une statue d'argent de la Ste. Vierge, haute de quatre pieds, d'un reliquaire en vermeil et de plusieurs autres présens magnifiques. Malheureusement ce seigneur mourut avant d'avoir entièrement terminé l'église, dont il avait entrepris la construction et qui n'a jamais été achevée. Il y fut inhumé avec les plus grands honneurs.

Construction de l'église abbatiale.

On voit encore de nos jours la nef et un bas côté de cette vieille église. Il est facile d'y reconnaître le caractère distinctif des monumens religieux, à la fin du Xe et au commencement du XIe siècle. L'architecture est lourde et les murs sont construits en petit appareil. Les arcades cintrées sont formées de claveaux symétriques qui portent sur des masses carrées, dépourvues de tout ornement. Ces masses existent également engagées dans le mur contre les fenêtres du bas côté, pour supporter les arcs-doubleaux, ou voûtes en moëllons.

Description des restes de cette église abbatiale, qui subsistent encore de nos jours.

Le corps principal de la nef n'est pas voûté, parce

que les architectes de cette époque construisaient difficilement des voûtes d'une grande portée. Tout engage à croire que la charpente demeura primitivement à nu. Le lambris actuel a été construit en 1666, et les fenêtres ogives, situées sous le grand comble du côté du midi, ont été établies à la même époque, pour donner plus de jour à cette partie de l'église, où régnait une grande obscurité. Il est évident que les premières fenêtres étaient en plein cintre, comme celles qui existent du côté du nord.

Régularité des moines d'Évron.

On ignore l'époque de la mort de Thedbert, premier abbé d'Évron. Aucun écrit authentique ne nous fait connaître également l'époque précise, où ses trois successeurs immédiats furent en possession de l'abbaye. Les religieux d'Évron vécurent, sous leur conduite, dans une grande régularité et ils étaient les modèles de toutes les vertus. Mais ils se relâchèrent, à la fin du XIe siècle, par la négligence d'un abbé dont le nom a été voué à l'oubli, parce qu'il était indigne de passer à la postérité. Ses déréglemens faillirent causer la ruine du monastere. Hildebert, évêque du Mans, désolé des scandales qu'il donnait, écrivit à Gérard, évêque d'Angoulême et légat du saint-siège. Après lui avoir dépeint, de la manière la plus touchante, l'état déplorable de l'abbaye, il se plaignit que la règle était entièrement abandonnée, que les revenus du sanctuaire étaient dissipés par les

Ils se relâchent par la faute de leur abbé.

religieux et les étrangers, et que l'abbé lui-même menait la vie la plus dissolue. Le pontife suppliait ensuite Gérard de lui tracer la règle de conduite qu'il devait tenir à l'égard de cette *bête féroce.* (prœfata bestia). (13 *bis.*)

A la suite de ces plaintes, l'abbé de St.-Vincent du Mans fut envoyé à Évron pour remédier au mal. On ne sait pas si l'abbé d'Évron fut destitué ou s'il mourut sur ces entrefaites. Il eut pour successeur Daniel, surnommé *le Chauve*. Ce religieux, qui avait été tiré de l'abbaye de St.-Vincent, rétablit l'ordre et la discipline dans le monastère. Hildebert, voulant lui donner un témoignage de sa satisfaction, confirma, en 1125, toutes les possessions de l'abbaye d'Évron qu'il gouvernait avec tant de zèle et de sagesse.

L'ordre et la discipline rétablis dans le monastère.

Les deux abbés qui furent élus après Daniel, marchèrent sur ses traces. Mais ensuite leurs successeurs s'occupèrent peut-être trop de l'administrations des biens du monastère qui augmentèrent considérablement, dans le cours du XIIe siècle, par les dons continuels et les pieuses fondations que faisaient les fidèles de tout rang. Il est clair que les

Richesses de l'abbaye.

(13 *bis*). Epist. 25. Lib. 2.

soins et les embarras des choses temporelles durent affaiblir insensiblement l'esprit de piété et de recueillement parmi les religieux.

Origine des honneurs et des richesses des moines.

Personne n'ignore quelle fut l'origine de la puissance et des richesses des moines. Dans le principe, ils vaquaient uniquement à la prière et ils employaient au travail des mains le temps qui restait à leur disposition. C'est ainsi qu'ils sont parvenus à défricher les forêts qui couvraient notre pays. Mais, après l'invasion des Barbares, l'ignorance des séculiers et même des clercs les engagea, par une espèce de nécessité, à cultiver les sciences. Ils ne se bornèrent pas à la théologie, ils étudièrent le droit canonique, le droit civil et même quelquefois la médecine. Leur savoir les fit rechercher des princes et des rois et ils ne purent se dispenser de prendre part aux affaires de l'état. Bientôt la reconnaissance leur décerna des titres, des honneurs et des richesses. S'ils abusèrent quelquefois de leurs biens, car la faiblesse de l'homme est bien grande, ils les consacrèrent presque toujours à élever ces beaux monumens, qui font la gloire de la France, à soulager les pauvres et à enrichir bien des familles qui, dans tous les pays, sont redevables aux monastères de leur élévation. Aussi, les grands de la terre, édifiés de leur bienfaisance, s'empressèrent à l'envi d'augmenter leurs possessions. Plus tard la malignité, jointe à la jalousie, leur disputa les droits qu'ils avaient acquis légitimement, dans des circonstances extraordinaires. Enfin, sous prétexte de réforme, l'irréligion a anéanti des établissemens précieux qui avaient, de tous temps, rendu les services les plus éminens.

Mais si les moines se virent forcés, en quelque sorte, de vaquer aux affaires de l'état, ils furent également obligés de s'immiscer dans celles de l'église. Comme il y avait peu de prêtres capables de prêcher et d'administrer les sacremens, à cause de l'ignorance, les fidèles recoururent à eux, pour recevoir les secours spirituels. Alors, bien des monastères bâtis d'abord dans des lieux écartés, devinrent des villes, parce que les peuples s'y réfugièrent dans des temps malheureux.

Les religieux remplissent les fonctions pastorales.

Quand l'ignorance fut dissipée, il parut juste que les moines rentrassent dans leurs cloîtres, pour reprendre les exercices de la prière. Le premier concile général de *Latran*, célébré en 1123, défendit donc aux abbés et à leurs religieux d'administrer les sacremens et de chanter des messes publiques (14). Cependant on crut qu'il n'était pas raisonnable de les dépouiller des biens qu'ils avaient possédés à juste titre, pendant qu'ils exerçaient les fonctions pastorales. C'est pourquoi il fut convenu qu'ils se-

(14). Hist. ecclés. cont. 17. page 310.

raient regardés comme *curés primitifs* des églises qu'ils avaient si long-temps gouvernées et qu'ils jouiraient des honneurs et des émolumens qui y étaient attachés. Mais ils devaient établir des chapelains pour avoir le soin des ames et rendre compte à l'évêque de leur administration, dans les assemblées synodales. Ces chapelains furent nommés plus tard *vicaires perpétuels,* parce qu'une fois qu'ils avaient été placés à la tête d'une paroisse, on ne pouvait les déposséder.

Vicaires perpétuels établis à Évron.

Les religieux d'Évron ne cessèrent d'exercer les fonctions pastorales qu'en 1191 ou 1192. Leur abbé, Geoffroi de la Chapelle usa du droit de présentation et le prêtre qu'il avait désigné, fut agréé par Hamelin, évêque du Mans. Le vicaire perpétuel demeura long-temps dans le monastère, où il était traité comme les religieux. Néanmoins les dîmes et les novales (15) et tous les droits de l'église continuèrent d'être le partage des officiers de la maison. L'infirmier ensevelissait les morts, le sacriste avait les cierges des convois et le camérier, qui possédait les dîmes de la paroisse, prenait encore les oblats et présidait aux offices publics dans les solennités.

---

(15). Les novales étaient les dîmes des terres qui avoient été défrichées depuis que les moines avaient cessé les fonctions pastorales et établi des prêtres pour les exercer à leur place.

Droits des religieux et devoirs des vicaires perpétuels.

Plus tard le vicaire perpétuel d'Évron obtint une maison presbytérale, une pension et les dîmes vertes (16), une certaine quantité de paille et du grain de différentes espèces. Mais il fut obligé, comme auparavant, d'assister aux messes et aux vêpres de l'abbaye, à certaines fêtes, et alors il recevait une rétribution et il était admis à la table des religieux. Mais ceux-ci affectèrent trop souvent de faire sentir leur autorité. Ils prêchaient le peuple et catéchisaient les enfans, quand bon leur semblait; ils présidaient aux sépultures et se réservaient tous les honneurs. De là les plaintes fréquentes des vicaires perpétuels et souvent des débats peu édifians. Divers arrêts du parlement de Paris limitèrent peu à peu les droits des religieux. Celui qui fut rendu en 1565, à la requête de Pierre Picquet, et qui lui assura le titre de curé, fut le prélude de l'émancipation de ses successeurs, car ils devinrent bientôt indépendans, dans l'exercice public de leur ministère. Leurs devoirs à l'égard des religieux, se réduisirent enfin à leur rendre les honneurs dans les processions solennelles et dans celles qui étaient instituées pour nécessités publiques. Ils devaient se présenter, au dernier coup de cloche, dans le chœur de l'église conventuelle. Quand le signal du départ était donné, ils marchaient avec leur croix et leur bannière devant la croix pro-

(16). On appelait dîmes vertes, les dîmes de lin, chanvre, laine, des cochons, des agneaux, etc.

cessionnale de l'abbaye ; et le jour de Pâques-fleuries ils allaient, accompagnés de leurs paroissiens, recevoir des rameaux bénits de la main du célébrant.

Si les vicaires perpétuels s'affranchirent de la domination des religieux, ces derniers continuèrent de recueillir les dîmes de la paroisse et les deux tiers des oblats. Ils retinrent également le droit de régler le son des cloches et les habitans ne pouvaient, sans leur permission, ni réparer, ni embellir leur église.

Chapelle de St.-Nicolas et léproserie fondées par le seigneur de la Peillerie.

Geoffroi de la Chapelle, qui avait concouru si efficacement à l'établissement des vicaires perpétuels, vécut jusqu'en 1211. Il eut pour successeur Pierre du Châtel. Celui-ci était encore abbé, lorsque Jean de la Chapelle, seigneur de la Peillerie, bâtit, en 1218, la chapelle de St.-Nicolas près la ville d'Évron, sur le bord du chemin de Neau, et une maison pour les lépreux. Cet établissement ne subsista pas longtemps; mais la chapelle n'a disparu qu'en 1790; elle était petite et nullement digne de remarque. Une croix la remplace : elle est là du moins, comme pour rappeler et attester la bienfaisance de Jean de la Chapelle. Son château était situé à une demi-lieue d'Évron, du côté de Ste-Suzanne; on en voit encore les vastes débris, et les profonds fossés, qui l'environnaient, n'ont pas été comblés.

Dons faits à l'abbaye et bon usage que font les religieux de leurs richesses.

Le seigneur de la Peillerie fit aussi des legs considérables à l'abbaye, et un grand nombre de seigneurs suivirent son exemple. Mais les religieux, qui se distinguaient toujours par leur piété et leur charité, n'abusèrent point de ces richesses. En 1223, Gilles de Castellun, élu abbé, après la mort de Pierre du Châtel, employa une grande somme d'argent pour racheter Almaric de Crédon, sénéchal d'Angers, qui avait été fait prisonnier de guerre par le comte de Bretagne.

Profanation du cimetière de la paroisse et bénédiction d'un nouveau.

Deux ans après, les religieux, attristés de voir le cimetière de la paroisse exposé à des profanations continuelles qu'ils ne pouvaient empêcher, supplièrent Maurice, évêque du Mans, de leur permettre de le transférer ailleurs. Ils lui représentaient que, sans égard pour la sainteté de ce lieu, on y vendait des bestiaux, on y étalait toutes sortes de marchandises et même qu'on y avait établi des bancs de boucherie. Le prélat, étonné de ces indécences, vint sur les lieux et il bénit lui-même le nouveau cimetière qui fut placé entre l'église abbatiale et l'église paroissiale de St.-Martin. Ensuite il permit de bâtir des halles dans le cimetière délaissé. Celles qui existent maintenant ont été construites dans le même endroit; elles sont grandes et remarquables par leur immense charpente.

Construction des halles.

Vers le même temps, Maurice, qui travaillait avec zèle à la réforme de son diocèse, changea les dignités d'archiprêtres en celles d'archidiacres.

Doyenné d'Évron.

D'après ce réglement, le doyenné d'Évron fut soumis à l'archidiaconné de Laval (17).

Gilles de Castellun mourut en 1241 et Hernaud fut élu son successeur. Ce fut, dans le temps qu'il gouvernait l'abbaye, qu'eut lieu la dédicace de la somptueuse basilique, que ses prédécesseurs avaient entreprise. Ce beau monument est une preuve nouvelle et frappante du bon emploi que les religieux d'Évron faisaient des biens qu'ils recevaient des grands de la terre et des pieuses libéralités des fidèles qui continuaient de témoigner une grande dévotion envers la relique de la Ste. Vierge.

Nouvelle preuve du bon usage que les religieux font de leurs richesses.

Dédicace de la nouvelle église abbatiale.

On ignore l'époque précise où ce nouveau temple fut commencé ; il fut consacré solennellement par Geoffroi de Loudun, évêque du Mans, en 1252, le dimanche qui précède la Nativité de la Ste. Vierge (17 *bis*). Tous les prieurs (18) qui dépendaient de l'abbaye, se trouvèrent rassemblés pour assister à cette pompeuse cérémonie.

L'église abbatiale d'Évron qui sert, depuis la ré-

(17). Le nom des paroisses qui dépendaient du doyenné d'Évron se trouvent à la fin de la notice.

(17 *bis*). Gallia christiana, page 347, tome 4 et cartulaire de l'abbaye.

(18). Le nom des prieurés, qui dépendaient de l'abbaye, se trouvent à la fin de la notice.

volution, d'église paroissiale, est, sans contredit, une des plus intéressantes du diocèse du Mans, sous le rapport de l'art. Elle a été construite à l'extrémité orientale de la vieille église qui est moins exhaussée, et toutes deux elles ne font qu'un seul et même temple.

Description de la nouvelle église abbatiale.

Dans les départemens de la Sarthe et de la Mayenne, aucune église, excepté la cathédrale, ne possède un plus beau chœur. Des colonnes élégantes supportent des arcades dont l'archivolte est couverte de choux frisés. On a étalé les mêmes ornemens sur la corniche d'appui qui règne autour de l'intérieur de l'abside, au pied des ogives élancées. Des statues, posées sur les tailloirs des chapiteaux et surmontées de petits dais, décorent richement l'hémicycle à la naissance des arcs-doubleaux. Le pays du Maine n'offre rien de semblable et ces statues, heureusement conservées, ont le précieux avantage de n'avoir été souillées par aucune peinture.

Les galeries intérieures n'ont aucun mérite ; mais les collatéraux, prolongés autour du sanctuaire, sont bordés de sept belles chapelles rectangles et symétriquement rangées. On y a simulé délicatement, le long des murailles, des colonnes minces et allongées, ainsi que des arcs en tiers point, ornés de trèfles, de feuilles et de rosaces. La chapelle du Chevet, autrefois dédiée à la Ste. Trinité, est d'une délicatesse étonnante. On voit encore, dans deux chapelles, deux statues de religieux bénédictins, couchés sur un soubassement : elles n'ont aucune inscription ; mais elles paraissent appartenir au XIIIe siècle.

Il est facile de reconnaître que les religieux reprirent plusieurs fois la construction de cette basilique. La nef présente un corps principal avec deux bas côtés : ils s'arrêtent à la vieille nef qui forme un contraste de laideur et d'irrégularité. Mais l'œil se reporte avec plaisir sur les quatre magnifiques piliers du tranceps, d'où se détachent une multitude de petites colonnes qui s'élèvent élégamment en faisceaux jusqu'au haut des murs, où elles reçoivent les arceaux des voûtes.

La porte principale de l'église, située au midi, est bien simple pour l'édifice. Elle a été ouverte, dans le mur du bas côté de la vieille nef, à une légère distance de la nouvelle.

Les deux extrémités du tranceps, sont éclairées par deux ogives, riches de compartimens. A l'extérieur, et dans le tympan du pignon méridional, la Vierge couronnée d'un dais repose dans une niche. Elle porte l'enfant Jésus sur son bras, elle écrase de ses pieds un diable grimaçant et à ses côtés paraissent deux anges l'encensoir à la main.

Les contreforts sont surmontés de clochetons octogones et les nombreux arcs-boutans, qui soutiennent la poussée des voûtes du chœur, servent aussi à l'écoulement des eaux pluviales, rejetées au dehors par des gargouilles.

Des galeries à deux étages, ornées de balustrades en pierre, permettent de faire le tour du monument, au milieu duquel s'élève avec hardiesse une belle flèche en bois.

L'église d'Évron conserve encore, dans les ogives du chœur, des vitraux peints du XVe et du XVIe siècle. Quelques panneaux sont gravement endommagés, ils méritent d'être précieusement conservés, parce qu'ils rappellent l'histoire du pélerin, si intéressante pour le lieu.

Construction de cabanes qui déshonorent la belle église abbatiale.

Ce beau monument est défiguré par des cabanes qui ont été construites contre la muraille du côté du midi, en 1794, dans le temps de la terreur. Plus tard il fut convenu, par une transaction sagement ménagée, que ces hideuses constructions deviendraient la propriété de la ville, moyennant une somme de 1,600 francs. La somme a été versée en 1820, et depuis cette époque, les cabanes continuent de déshonorer l'église au profit de la commune.

Espérons que le bon goût de l'administration municipale les fera disparaître tôt ou tard; mais surtout on ne peut trop désirer qu'elle ne tolère pas longtemps les ordures dégoûtantes qui salissent et minent les murs du plus précieux édifice du département. Il est déjà assez endommagé par une plantation de tilleuls, inutile aux habitans et qui empêche l'amateur de satisfaire sa curiosité, quand il veut contempler la riche architecture de ce chef-d'œuvre du moyen âge.

Générosité des religieux d'Évron envers les Chartreux du parc.

Le jour même de la dédicace de l'église abbatiale, l'évêque Geoffroi de Loudun déclara aux religieux réunis en chapître que les Chartreux du Parc allaient être forcés d'abandonner leur maison, parce qu'ils n'avaient pas de revenus suffisans pour subsister. Les religieux d'Évron, par un sentiment de générosité qui leur fait honneur, leur cédèrent à perpétuité, par un bail emphytéotique, le prieuré d'Orques. Mais ils se réservèrent le droit de suzeraineté et de patronage (19). Ils leur donnèrent encore deux métairies dans la paroisse, et du fief de Champgeneteux, pour la somme annuelle de neuf livres tournois, payable la veille de Pâques. Le pape Alexandre IV confirma, par une bulle de 1257, les droits de l'abbaye d'Évron.

La régularité se maintient dans le monastère et les fidèles établissent des fondations.

Hernaud, qui avait encouragé la générosité de ses religieux envers les Chartreux, mourut à la fin

(19). Courvais., page 508, Bondonnet, page 578 et Mesnage, hist. de Sablé, page 328.

de 1259. Si ses successeurs ne firent rien de remarquable, ils eurent le grand mérite de maintenir la régularité dans le monastère. C'était du reste leur premier et même leur unique devoir. Aussi les fidèles ne cessaient d'établir des fondations, dans l'église abbatiale, et les seigneurs faisaient des dons considérables, pour obtenir le privilège d'être inhumés parmi les religieux dont la piété les édifiait. Renaud, vicomte de Blois et descendant du restaurateur de la communauté, obtint cette faveur en 1277. Son corps fut déposé dans le sanctuaire, au bas des marches de l'autel, du côté de l'évangile. On plaça sur son tombeau sa statue de cuivre doré. Il portait en tête une couronne ou cercle d'or, chargé de grosses perles ; il avait tout le corps couvert de mailles, la cotte d'armes par dessus, l'épée ceinte au côté et au bras son écu qui était d'*or à une croix de gueules*. Cette statue n'a été enlevée qu'en 1779 ; elle fut vendue à cette époque et l'argent employé à la décoration du chœur.

Les grands briguent l'honneur d'être inhumés parmi les religieux.

Cependant les pieux religieux ne vivaient pas sans alarmes. Les guerres, qui désolaient le pays, interrompaient souvent ou du moins troublaient les saints exercices de leur dévotion. Enfin, les Anglais victorieux s'emparèrent d'Évron, au commencement du XVe siècle. Ces étrangers, toujours rivaux de la France et bien souvent ses ennemis, après s'être rendus maîtres de la Normandie, avaient pénétré dans la Bretagne, le Maine et l'Anjou. Il y avait, en

Évron pris par les Anglais et délivré par Ambroise de Loré.

1418, dit Juvénal des Ursins (20), *vers le pays du Maine, forte et aspre guerre.* L'amour de la patrie et l'horreur d'un joug ennemi armèrent bientôt les habitans du Maine, pour repousser l'invasion étrangère et défendre leur pays des fureurs et de la dévastation des Anglais. Toutes les villes, les bourgs mêmes et les moindres villages s'étaient couverts de remparts et ressemblaient à des places de guerre. Il en était de même dans l'Anjou et la Bretagne. Les autres provinces, quoique les Anglais en fussent éloignés, n'en étaient pas moins fortifiées et en proie au pillage, aux incendies, aux massacres, par la funeste division des Français qui, acharnés les uns contre les autres, semblaient n'avoir plus d'autre passion que celle de s'entre-détruire et d'ensevelir au plutôt la patrie sous ses ruines. Le Dauphin avait alors la qualité de régent; il confia les places les plus importantes aux meilleurs capitaines. Dans le Maine, Ste.-Suzanne, située sur une hauteur, était, avant l'usage du canon, une forteresse importante et difficile à prendre. Ambroise de Loré (21) en fut établi gouverneur... Un grand nombre de Manceaux se signalèrent dans la défense de leur pays, mais de Loré fut, sans contredit, celui qui se distingua le plus. A peine âgé de 21 ans, il avait déjà, en plu-

(20). Hist. contemporaine, page 359.

(21). Ambroise de Loré naquit, en 1396, au château de Loré, dans la paroisse du Grand-Oisseau, aux environs de Mayenne.

sieurs occasions, fait essuyer aux Anglais des pertes considérables. S'étant rendu maître de tout le pays, qui environne Ste.-Suzanne, il chassa d'Évron Biry, colonel Anglais et sa troupe, qui s'en étaient emparés (22).

Il paraît que la ferveur des religieux ne se ralentit pas, au milieu des guerres qui entraînent toujours après elles tant de désordres. Étienne de St.-Bertevin gouvernait l'abbaye, en 1440, lorsque l'église paroissiale de St.-Martin fut polluée; mais on ne sait pas quel délit avait été commis. Il s'éleva alors un différent, au sujet des frais de la réconciliation. Il fut décidé que la somme nécessaire serait prise sur les droits de sépulture que les religieux avaient coutume de partager avec le vicaire perpétuel et la fabrique. Cet arrangement se fit en présence d'un notaire, et dans l'acte, les religieux sont nommés seigneurs féodaux d'Évron. C'est la première fois qu'on les trouve décorés de ce titre, dans les actes qui nous sont restés. Cependant, s'ils ne le prenaient pas ordinairement, il leur appartenait réellement, d'après l'acte de donation ou restitution par le vicomte de Blois. Leurs droits s'étendaient même depuis long-temps sur plusieurs châteaux et châtellenies du voisinage. Ainsi, en 1332, le seigneur de

Pollution de l'église paroissiale de St.-Martin.

Religieux d'Évron, seigneurs féodaux.

(22). Notice sur Ambroise de Loré, par M. Levesque-Bérangerie; Annuaire de la Mayenne, 1836, page 20.

Sablé reconnut, par un *adveu*, dont copie est conservée, dans le précieux cartulaire déposé à la bibliothèque du presbytère d'Évron, qu'il devait foi et hommage à l'abbé et aux religieux, pour le donjon de son château. En 1405, le comte d'Alençon fit un semblable *adveu*, pour la terre et châtellenie de Torigné.

Différent entre l'évêque du Mans et l'abbé d'Évron, au sujet de la punition des religieux.

Dans cette même année 1440, Jean d'Hierrai-d'Assé, évêque du Mans, vint à Évron. Il ne se borna pas à réconcilier l'église de St.-Martin, il la consacra avec les cérémonies accoutumées. Quelque temps après, et il paraît que ce fut vers 1446, le même prélat eut avec Étienne de St. Bertevin, un procès devant l'archevêque de Tours. L'abbé voulait se réserver la connaissance et la punition des crimes de ses religieux et particulièrement du chantre de son abbaye qui était accusé d'adultère et qu'il avait fait emprisonner. Jean d'Hierrai mourut, avant que l'affaire fut terminée et elle resta pendante (23). Étienne de St.-Bertevin ne survécut que deux ans à l'évêque du Mans. Il résigna, avant de mourir, son abbaye à Jean de Favières, né à Brecé d'une famille distinguée. Cet ecclésiastique était prieur de Vaiges et licencié en droit.

Il n'y avait eu jusqu'alors aucun exemple de rési-

---

(23). Courvaisier, page 271 et 272.

gnation dans l'abbaye d'Évron, quoique cet usage fut déjà reçu ailleurs. Pérard, dans son traité de l'*usage de la cour de Rome*, dit que les résignations commencèrent d'être introduites, sous le pontificat de Clément VII qui mourut en 1394. Depuis ce temps, les résignations passèrent en droit commun, de sorte qu'il ne fut plus permis au pape de ne pas les admettre, lorsqu'il n'y avait point de clauses extraordinaires et abusives. Les résignations furent funestes à la régularité, dans le monastère d'Évron, comme partout ailleurs.

Commencement des résignations, dans l'abbaye d'Évron.

Avant les résignations, les abbés étaient à la nomination des religieux. Dès que l'abbé d'Évron était mort, le prieur claustral convoquait tous les religieux profès qui étaient présens, et quand ils étaient rassemblés, il désignait le jour et le lieu de l'élection. Il citait ensuite les absens et les prieurs dépendans de l'abbaye, en leur envoyant un commissaire. Quand les religieux, qui avaient été appelés au son de la cloche, étaient réunis en chapître, l'abbé était élu à la pluralité des suffrages. Le prieur, président du chapître, proclamait celui qui les avait obtenus, et aussitôt tous les religieux le reconnaissaient comme leur légitime supérieur.

Mode de l'élection des abbés dans l'abbaye d'Évron.

Le nouvel abbé devait aller recevoir de l'évêque du Mans la bénédiction abbatiale, la mitre et la crosse, et il donnait enfin la bénédiction au peuple. C'était un privilège que le saint-siège avait accordé

Bénédiction des abbés d'Évron.

à cette abbaye. Le départ de l'abbé pour la ville épiscopale se faisait avec pompe et appareil. Les seigneurs de Courceriers devaient l'accompagner, pendant son voyage, et lui rendre certains devoirs. On sera, sans doute, curieux de lire un extrait de l'*adveu*, que l'un desdits seigneurs renouvela du temps des abbés commendataires. Quoique ceux-ci ne reçussent point la bénédiction abbatiale, ils tenaient à constater un droit dont avaient joui, avant eux, les abbés réguliers.

Devoirs des seigneurs de Courceriers, à l'occasion de la bénédiction des abbés d'Évron.

« De vous noble et révérend père en Dieu, mon-
» seigneur Estienne Heuste, abbé du moustier et
» abbaye de Notre-Dame d'Évron, baron dudit lieu
» et seigneur des fiefs et seigneuries qui en dépen-
» dent. Je messire François du Plessis chevallier de
» l'ordre du roy, seigneur du Plessis et de Cource-
» riers, advouë estre votre homme de foy et hom-
» maige simple au regard de vostre baronie.......
» Cognois que je suis tenu aller moy deument cer-
» tifié avec vous et en vostre compagnie au lieu où
» sera faite votre bénédiction, en revenant avec vous
» jusqu'à vostre moustier et abbaye d'Évron et à
» vostre réception. Et au chemin d'aller et recevoir
» vostre dite bénédiction et réception, je suis tenu
» vous faire servir par un gentilhomme à tenir frain
» et estrieuf de vostre cheval toutesfois et quantesque
» vous monterés et descenderés... Je recognois en-
» core que je suis tenu en ma personne, sans autre,
» vous servir à tenir le frain et estrieuf, c'est à

» sçavoir à monter sur votre cheval, le jour même
» de votre dite bénédiction et réception, mais aux
» jours d'icelle vous estre tenu de faire les despends
» de moy et de mes gens et chevaux, et oustre ay
» droit d'avoir le cheval, frain, scelle et harnois qui
» seront sur ledit cheval au jour de vostre réception.
» Et après vostre dite réception faite, je dois et suis
» tenu vous servir à vostre disner en l'estat que je
» seray soit de chevallier ou escuyer; et si le cas
» advenait au temps de vostre dite bénédiction et
» réception qu'au dit lieu de Courceriers il n'y eut
» que femme qui fut dame dudit lieu et autres choses
» que je tiens de vous à foy et hommaige simple,
» vous cognois que, si elle estait dame elle vous doit
» bailler un chevallier pour faire les services susdits.
» Et si elle était demoiselle je cognois qu'elle vous
» doit bailler un escuyer qui pareillement sera tenu
» vous faire les services susdits, comme je puis et
» pourrais faire toutesfois et quantes que le cas y
» escherra......... Lequel présent adveu, mon dit
» seigneur, je vous rends signé de mon sing et scellé
» du scel de mes armes, au bourg de St.-Thomas-de-
» Courceriers, le cinquiesme d'octobre l'an mil cinq
» cens quatre-vingt trois après midy. Signé F. Du-
» plessis-Châtillon. M. Leseure, notaire et M. Gou-
» geon, notaire, et scellé en cire verte. »

L'évêque du Mans mande l'abbé de Favières qui avait reçu la bénédiction des mains de l'évêque d'Angers.

Jean de Favières fut le dernier abbé régulier d'Évron. Après avoir obtenu la confirmation du saint-siège, le nouvel abbé reçut la bénédiction abbatiale et les insignes de cette dignité des mains de l'évêque d'Angers, dans l'église de Toussaint, le jour de la Conception de la Ste. Vierge, de l'année 1453 (24). Martin Berruyer, évêque du Mans, justement mécontent de ce que ses droits avaient été méconnus, manda l'abbé de Favières et il le contraignit à venir lui rendre ses devoirs et à lui jurer obéissance. Après cet acte de soumission, le prélat lui donna sa bénédiction et le confirma dans sa dignité.

Fin du différent entre l'évêque du Mans et l'abbé d'Évron, au sujet de la punition des religieux.

Cependant, Martin Berruyer reprit le procès intenté par son prédécesseur. Les parties, pour éviter de longues chicanes, eurent le bon esprit de choisir des arbitres. Il fut décidé, en 1458, que l'abbé aurait la correction de tous les religieux claustraux qui commettraient des délits dans l'intérieur de l'abbaye et au dehors, pourvu qu'ils n'entraînassent pas la dégradation et la déposition. Quant aux prieurs qui n'habitaient point le monastère, ils devaient être soumis à la juridiction de l'évêque et de son official. Ainsi les droits de l'ordinaire furent conservés.

Commendes.

Toutes ces exemptions auxquelles les abbés prétendaient depuis long-temps, eurent des inconvéniens fâcheux. St. Bernard les signale comme les princi-

(24). Courvaisier, page 734.

pales causes de relâchement (25). Mais ce qui acheva de détruire l'ancienne discipline, ce fut l'abus criant qui s'introduisit de nommer à des abbayes des évêques et des clercs, quoiqu'ils ne fussent point moines. Dans le commencement, la *commende* comme le porte le mot latin *commendare*, n'était qu'une simple administration des revenus d'un bénéfice qu'on conférait à un ecclésiastique, pour en avoir la garde et pour en être comme le dépositaire, jusqu'à ce qu'il y eût un titulaire. Ainsi, pendant que les Lombards désolaient l'Italie, il se trouvait souvent des églises abandonnées, parce que les évêques avaient été chassés de leur siège. Alors St. Grégoire chargeait un évêque voisin du soin de l'église qui était privée de pasteur, en attendant que l'on pût y établir un évêque titulaire. L'évêque visiteur ou commendataire ne prenait de l'église qu'il administrait que sa subsistance et une récompense modique de son travail; tout le reste était employé à l'ordinaire. Quelquefois aussi on donnait une abbaye à un évêque dépouillé, afin qu'il pût subsister.

Sous la seconde race de nos rois, l'abus devint fréquent de donner des monastères non seulement à des évêques et à des prêtres, mais à des laïques et à des gens d'épée; d'abord pour leur aider à soutenir les frais des guerres contre les Normands et ensuite

(25). St. Bern. Opusc. 2. ch. 35.

pour les faire subsister eux et leurs familles. Cet abus fut retranché, mais les évêques continuèrent à retenir quelquefois la jouissance de quelques monastères, soit de leur autorité, soit par la concession du pape, et l'on s'accoutuma à donner en commende des prieurés, des cures, et jusqu'aux moindres bénéfices (26).

Les commendes se multiplièrent à l'infini et les monastères par conséquent allèrent en décadence de plus en plus. Le nombre des moines diminua, les églises manquèrent d'ornemens et les bâtimens tombèrent souvent en ruine, parce que les abbés commendataires jouissaient des revenus, sans en rendre compte à personne. Le concile de Trente ne voulut pas, par prudence, condamner un usage qui était malheureusement trop enraciné. Il déclara seulement que son intention était que les monastères en commende fussent gouvernés par des religieux du même ordre.

Introduction des commendes, dans l'abbaye d'Évron.

Ce fut Jean de Favières qui introduisit les commendes dans l'abbaye d'Évron. Après l'avoir gouvernée, pendant trente ans environ, il résigna, en 1482, à François de Châteaubriant, doyen de la cathédrale d'Angers, et il présenta cet ecclésiastique aux religieux réunis en chapitre, afin qu'ils le re-

(26). Fleury, institut. au droit ecclésiast., page 389.

connussent comme son successeur. François de Bavallon réclama fortement contre cette innovation et bientôt il y eut dans l'abbaye, une opposition vive et générale. Pendant cette résistance, Jean de Favières mourut dans un âge très-avancé, cette même année 1482. Il était le vingt-cinquième abbé régulier, depuis la restauration du monastère par le vicomte de Blois.

Opposition des religieux.

François de Bavallon avait obtenu, du vivant de Jean de Favières, provision par dévolut (27), pour l'abbaye d'Évron et il en avait pris aussitôt possession. Il ne la gouverna guères que deux ans, car il mourut en 1485. C'est le premier abbé commendataire.

Premier abbé commendataire.

Dès qu'il fut mort, François de Châteaubriant, qui avait fait approuver par le roi et confirmer en cour de Rome sa résignation, se présenta pour être reconnu abbé. Les religieux formèrent une nouvelle

François de Châteaubriant proclamé abbé, après une vive opposition.

---

(27). Le dévolut est lorsque le collateur a conféré un bénéfice, mais dont la collation se trouve nulle, soit par la forme du titre, soit par les défauts de la personne du pourvu ; ou bien, lorsque la collation avait été bonne, mais qu'à la suite le pourvu commet quelque crime ou tombe en quelque irrégularité qui fait vaquer le bénéfice, ou s'il contracte mariage. Ainsi le dévolut est l'impétration d'un bénéfice fondé sur le défaut ou nullité du titre du possesseur ou sur l'incapacité de sa personne.

Conférences d'Angers, bénéfices, page 273.

opposition, prétendant qu'ils avaient toujours été dans l'usage d'élire leur abbé. Ils s'assemblèrent donc capitulairement au nombre de quarante-trois. Onze d'entr'eux voulaient un abbé régulier et ils nommèrent Henri de la Sauvagière : les autres se déclarèrent pour François de Châteaubriant. Le tumulte fut grand et il n'avait pas cessé aux approches de la nuit, lorsque Gatien Lefèvre, prieur et président du chapitre, proclama abbé commendataire François de Châteaubriant. Henri de la Sauvagière et ses partisans ne voulurent point se soumettre; mais le nouvel abbé, qui en appela au parlement de Paris et à Rome, obtint enfin la confirmation de son titre, en 1491.

Il néglige les réparations de l'église et de l'abbaye.

François de Châteaubriant se montra d'abord peu exact à faire les réparations de l'église et des lieux réguliers; c'est pourquoi les religieux formèrent une plainte contre lui auprès du sénéchal du Mans. Après de longs débats, l'abbé fut définitivement condamné, en 1511, à faire toutes les réparations demandées et aux frais de la procédure. Il fut réglé en même temps, que les abbés auraient à leur disposition le tiers des revenus de l'abbaye, pour les employer aux réparations. De semblables plaintes se renouvelèrent néanmoins dans la suite, et bien des fois les héritiers des abbés commendataires furent obligés, après leur mort, de payer les dégâts occasionnés par une coupable négligence.

Avant que le procès intenté par les religieux contre François de Châteaubriant fut terminé, c'est-à-dire, vers l'an 1508, l'église abbatiale fut volée. On enleva des reliquaires d'or et d'argent, estimés trente mille livres. C'étaient des dons faits par la piété du vicomte de Blois, de ses descendans et de plusieurs autres seigneurs, en témoignage de leur dévotion pour la Ste. Vierge dont une précieuse relique était honorée dans cette église.

Vol commis dans l'église abbatiale.

L'abbé de Châteaubriant s'empressa de réparer ces pertes; car ayant entrepris, en 1515, le voyage de Rome pour accomplir un vœu, il apporta une grande quantité de reliques qui lui furent données par Léon X, les chanoines de l'église de Latran et l'abbé de St.-Sébastien-aux-Catacombes. Il les renferma dans des reliquaires de cuivre doré et il les offrit à son église abbatiale pour laquelle il avait obtenu des indulgences, pendant son séjour dans la ville sainte. Il fit beaucoup d'autres présens sur lesquels furent apposées ses armes qui sont, *de gueules chargées de fleurs de lys d'or sans nombre*. Mais de tous ces dons qui attestent sa piété et sa générosité, il ne reste plus qu'un reliquaire d'argent doré, dans lequel est déposée la relique de la Ste. Vierge, apportée par le pélerin : l'église paroissiale d'Évron a l'avantage de la posséder.

L'abbé de Châteaubriant va à Rome et obtient des indulgences pour son église. Il l'enrichit de reliquaires et de reliques.

Il donne le reliquaire où est renfermée la relique du pélerin.

François de Châteaubriant fit faire aussi la boiserie du chœur et il la décora d'une multitude de bas-reliefs qui furent détruits en 1779, comme nous le verrons plus tard. Cet abbé répara ainsi, avec magnificence, le peu de soin qu'il avait mis d'abord à entretenir l'église et le monastère.

Les officiers de l'abbaye obtiennent l'administration du temporel de leur office.

Cependant les religieux officiers de l'abbaye, qui étaient auparavant révocables à la volonté de l'abbé, mais qui depuis furent élus pour un temps fixe, voyant que la commende était tout-à-fait établie, demandèrent la libre administration et disposition du temporel de leurs offices. Cette faveur leur fut accordée par une sentence, donnée à la chambre du trésor à Paris, sous la date du 23 octobre 1517 et scellée en queue double de cire rouge.

Foires et marchés rétablis.

L'abbé de Châteaubriant, en s'occupant de l'embellissement de son église, ne négligea point les intérêts d'Évron dont il était seigneur par sa dignité. Des foires et des marchés avaient été établis autrefois, dans ce lieu, du consentement de Hugues Ier, comte du Maine; mais ni les foires, ni les marchés n'existaient plus depuis long-temps. François de Châteaubriant en demanda le rétablissement au roi François Ier. Il ne sera peut-être pas, sans intérêt, de citer ici le texte même d'une partie du privilège qui fut accordé par ce prince. Cette pièce donnera une idée précise de l'état du pays à cette époque.

Privilège de François Ier, au sujet des foires et des marchés.

« François, par la grâce de Dieu, etc....... Nous
» avoir reçu l'humble supplication de nos chers et

» amés maître François de Châteaubriant, protho-
» notaire du saint-siège apostolique et abbé com-
» mendataire de l'abbaye et monastère de Notre-
» Dame d'Évron, en notre pays du Maine, et des
» religieux et couvent de ladite abbaye, contenant
» que ledit lieu, bourg, village, terre et seigneurie
» d'Évron, dont lesdits supplians sont seigneurs, est
» situé et assis en bon pays et fertil, abondant en
» biens, comme bleds et autres denrées et marchan-
» dises, et à cause de l'ancienne fondation et dotation
» de ladite abbaye, ils ont droit de baronnie, haute
» justice et juridiction audit lieu, terre et seigneurie
» et y soulait avoir anciennement foires et marchés,
» lesquels au moïen des guerres, divisions, morta-
» lités et famines qui ont eu cours le temps passé
» en notre royaume ont esté discontinués dont y a
» encore pour signe et apparence audit lieu d'Évron
» de grandes et belles halles et grands patis et lieu
» considérable où l'on soulait vendre le bétail qu'on
» amenait aux foires et marchés dudit lieu. Aussi y
» a grand chemin passant où affluent chacun jour
» plusieurs marchands menant et conduisant plu-
» sieurs denrées et marchandises lesquelles n'y aussi
» celles qui croissent et abondent audit lieu ne s'y
» peuvent vendre n'y adcheter, parce que n'y a à
» présent aucunes foires et marchés. A cette cause
» nous ont lesdits supplians humblement fait requerir
» que, pour le bien, profit, utilité et commodité de
» la chose publique dudit lieu et pays d'environ, il
» nous plaise de nouveau ordonner et establir audit

» bourg et village d'Évron quatre foires l'an et un
» jour de marché chaque semaine. Pour quoy nous,
» attendu ce que dit est, inclinant libéralement à la
» supplication et requeste desdits supplians à ce
» mesmement qu'ils et leurs successeurs en ladite
» abbaye soient à pryer Dieu pour notre bonne pros-
» périté et les ames de nos prédécesseurs, de nous
» et de nos successeurs à l'advenir. Pour ces causes
» et autres considérations avons cedé, ordonné et
» establi par la teneur de ces présentes, de notre
» grâce spéciale, pleine puissance et autorité royale
» cedons, ordonnons et establissons audit lieu,
» bourg et village d'Évron quatre foires l'an, à sçavoir
» est la première desdites foires le jour et feste de
» St. Julian, qui est au mois de janvier. La seconde
» le jour de la my-caresme. La troisiesme le jour et
» feste de St. Simon et St. Jude au mois d'octobre.
» La quatriesme le jour et feste de Ste. Catherine au
» mois de novembre : et un jour de marché par cha-
» cune semaine, au jour de jeudy. Voulants et oc-
» troyants que tous marchands et autres gens y
» puissent aller, venir, séjourner et fréquenter,
» vendre, achepter, eschanger et trocquer toutes
» denrées et marchandises non prohibées et deffen-
» dues..... Et pourvu toutes fois que auxdits jours
» ny ait autres foires ny marchés quatre lieues à la
» ronde dudit lieu d'Évron auxquelles ces présentes
» foires et marchés puissent nuire ou préjudicier.
» Si donnons en mandement par ces mesmes presentes
» au juge du Maine, en la juridiction duquel ledit

» lieu, baronnie, terre et seigneurie d'Évron sont » situés et assis et à tous nos autres justiciers..... » Qu'ils souffrent lesdits supplians et leurs succes- » seurs en ladite abbaye jouir et user plainement et » paisiblement de ces foires et marchés sans delay... » Et facent crier et publier lesdites foires à son de » trompe et cris public ès-villes et lieux circonvoisins » et ailleurs ou besoin sera..... Donné à Cognac au » mois de febvrier, l'an de grâce 1519 et de notre » règne le sixiesme. Signé de par le roi, de Neufville.»

Ce privilège de François Ier fut écrit en français, car les actes publics s'écrivaient déjà dans la langue du pays et quelque temps après, en 1539, le même monarque fit un édit par lequel il ordonnait de ne plus les écrire en latin.

Halles d'Évron.

Les halles, dont il est ici question, étaient situées dans l'endroit où sont celles qui existent maintenant, si ce ne sont pas les mêmes. On doit se rappeler que les premières halles d'Évron ont été bâties au commencement du XIIIe siècle, à la place de l'ancien cimetière.

Baronnie d'Évron.

Les lettres de la baronnie d'Évron sont inconnues et elles n'ont peut-être jamais existé. Il en est de même de celles de la baronnie de Sillé-le-Guillaume et de plusieurs autres lieux. Il paraît certain que jamais les abbés réguliers n'ont porté le nom de baron d'Évron, mais à dater de l'époque de ce privilège, tous les abbés commendataires et les religieux ont pris ce titre. Les abbés conservèrent toujours les armes de leur famille. Quant aux armes de l'abbaye, elles étaient *coupées d'azur à une Notre-Dame issant, tenant à dextre l'enfant Jésus et à senestre une fiole, le tout d'argent, et de gueules à trois pals de vair* (28).

Armes de l'abbaye.

Juridiction de l'abbaye.

La juridiction d'Évron était composée d'un bailli, qui était juge civil-criminel et de police et d'un procureur fiscal, à la nomination de l'abbé. Il y avait des avocats et des huissiers, plusieurs notaires et une brigade de maréchaussée, composée de cinq cavaliers. Évron était de l'intendance de Tours et de

(28). On voit au-dessus de la principale porte d'entrée de l'église d'Évron, sur le précieux chandelier du cierge pascal, sur une vitre de l'une des ogives du chœur, du côté de l'évangile, sur le fronton même de la maison conventuelle, des armes que plusieurs ont regardées comme les armes de l'abbaye : *elles sont de gueules à trois pals de vair*. Mais le cartulaire dit que ce sont les armes de la maison de Blois.

On sait que les *patrons* ou fondateurs d'une église avaient le droit d'y faire apposer leurs armes, dans certains endroits. Si les descendans du vicomte Robert ne l'exigèrent point à Évron, les religieux le firent comme souvenir et par reconnaissance.

Les armes de l'abbaye d'Évron sont gravées, telles que je les ai décrites, sur le beau pupître du chœur de l'église et sur le cachet de l'abbaye, qui avait été conservé par le dernier prieur claustral, et qui est maintenant en la possession de ses héritiers. Il est clair que ces armes sont à peu près les mêmes que celles de la maison de Blois : elles en diffèrent seulement en ce que *l'écu* a été coupé d'azur, pour y placer une vierge tenant à senestre une *fiole* et rappeler ainsi le *miracle du lait*.

l'élection de Mayenne : il relevait du grenier à sel de Ste.-Suzanne et la juridiction ressortissait au présidial du Mans (29). L'audience, où se rendaient les jugemens, était placée dans un appartement au-dessus des halles, sous le faîte de la couverture. Il était carrelé en bois et on y montait par un escalier étroit. Les anciens se souviennent encore de l'avoir vu. La juridiction fut supprimée en 1790.

Évron, ville.

Quoiqu'Évron, dans le privilège de François Ier, soit nommé bourg, il est certain que, dès la fin du XIVe siècle, on donnait à ce lieu le nom de ville. Ce titre n'était peut-être pas encore bien établi, mais ce privilège est le dernier acte public où Évron se trouve appelé bourg. Dans tous les actes authentiques, à dater du milieu du XVIe siècle, on le désigne toujours par le nom de ville.

L'établissement des foires et des marchés fut le dernier acte de François de Châteaubriant, le plus distingué des abbés commendataires, par sa munificence et les services qu'il rendit au pays. Il fit un grand nombre de fondations, avant sa mort, et dès 1519, il avait résigné son abbaye à son neveu Nicolas de Châteaubriant qui ne prit pourtant possession que l'an 1522.

---

(29). Les noms des paroisses qui dépendaient du baillage d'Évron, sont cités à la fin de la notice.

Le procureur du roi refuse à l'abbé d'Évron le titre de baron.

Le procureur du roi voulut refuser à cet abbé le titre et les honneurs de baron. Un procès s'entama et le lieutenant général du Mans rendit, le 15 juillet 1529, une sentence en faveur de l'abbé. Il fut donc maintenu dans les titres, droits et privilèges de sa baronnie et le procureur du roi debouté de ses demandes et conclusions.

Nicolas de Châteaubriant ne jouit pas long-temps des honneurs de l'abbaye. Car étant allé à Angers, en 1532, un porc, qui errait dans les rues, se jeta dans les pieds de son cheval et le fit tomber. L'abbé fut blessé si grièvement, qu'il mourut peu de jours après.

Construction de la muraille ogivale qui sépare la nouvelle église de l'ancienne.

L'année suivante, René de Boursault devint abbé d'Évron : il fit faire, en 1535, la muraille en arcade ogivale qui sépare la nouvelle église de l'ancienne. Dans les derniers temps de sa vie, il eut un procès avec le vicaire perpétuel qui fut déchargé de l'obligation d'assister aux offices des religieux, les jours de fêtes solennelles.

Jacques Vitry de Larrière succéda, en 1547, à René de Boursault. Il ne trouva que vingt-huit religieux profès dans le monastère, suivant la déclaration qu'il en fit au sénéchal du Mans, lorsqu'il lui rendit compte des revenus et des offices de l'abbaye. On voit que le nombre des religieux avait beaucoup diminué, depuis l'établissement des commendataires, car à l'élection de François de Châteaubriant, qui fut le second, ils étaient au nombre de quarante-trois. Plus tard il y en eut encore moins.

Le roi nomme pour la première fois à l'abbaye d'Évron.

Après la mort de Jacques de Vitry, Henri II donna l'abbaye, le 6 octobre 1555, à Jacques d'Apchon ou de St.-Germain. C'est le premier abbé commendataire d'Évron qui ait obtenu une nomination royale. Le droit de nommer aux évêchés et aux abbayes avait été conféré au roi de France par le concordat passé entre Léon X et François Ier, et il consomma la ruine de la discipline dans les monastères. Le clergé, les parlemens et les universités luttèrent longtemps et vivement contre une pareille innovation qui détruisait les élections dans le royaume. Des oppositions s'élevèrent de toutes parts, et s'il faut en croire Sponde, l'établissement entier de ce concordat n'eut lieu que sous Charles IX.

Les religieux cachent ce qu'ils ont de plus précieux, dans la crainte des hérétiques.

En 1562, dans la crainte des pillages exercés de tous côtés par les hérétiques, Jacques d'Apchon et les religieux cachèrent ce qu'ils avaient de plus précieux. Après avoir enlevé les lames d'or qui couvraient le crucifix et qui pesaient cinq à six marcs, ils partagèrent entr'eux ces richesses, mais il fut convenu qu'ils les emploieraient plus tard à la restauration de l'église et du monastère. Leurs précautions furent inutiles, car aucun hérétique ne vint les attaquer alors, comme ils le craignaient.

Jacques d'Apchon résigna, en 1564, son abbaye en commende à Étienne Heuste, moine profès de St.-Victor de Cérisi, dans le diocèse de Bayeux, et la résignation fut approuvée la même année, en cour de Rome, sous le pontificat de Pie IV. Ce fut à cette époque que, par un édit de Charles IX, il fut statué que dorénavant l'année commencerait au mois de janvier et non au jour de Pâques.

Le régiment de Bussy s'empare d'Évron et pille le monastère.

Cependant, au moment où les religieux vivaient dans la plus grande sécurité, les soldats du régiment de Bussy fondirent tout-à-coup sur Évron, en 1577. Ils pillèrent la ville et le monastère, et après avoir enfoncé les portes du trésor, ils enlevèrent les lames d'or et déchirèrent les archives. Peu de temps après, le bruit se répandit que d'autres hérétiques, qui mettaient tout à feu et à sang, se dirigeaient sur Évron. A cette nouvelle, une grande frayeur saisit les habitans et les religieux. Tous prirent la fuite, mais ceux-ci se retirèrent au château du Rocher, dans la paroisse de Mézangers, à une lieu d'Évron (30).

Les religieux s'enfuient au château du Rocher, à l'approche de nouveaux hérétiques.

(30). Le château du Rocher, tel qu'il existe aujourd'hui, présente trois styles d'architecture bien distincts. La première construction paraît remonter au XVe siècle. La façade, qui est vis-à-vis le portail d'entrée, est enrichie de galeries : elle appartient évidemment au XVIe siècle, ainsi que la chapelle placée à l'extrémité. La partie la plus moderne est du commencement du XVIIIe siècle : c'est l'ouvrage de M. Einard, grand-maître des eaux et forêts de l'intendance de Tours, qui a possédé et habité long-temps ce château. Il a fait aussi planter la plus grande partie des bois qu'on voit encore à l'entour.

ils y avaient été invités par le seigneur de Bouillé qui avait rassemblé autour de lui des forces considérables.

Les religieux emportèrent avec eux la sainte relique et ce qu'ils avaient sauvé dans le dernier pillage. Cependant dans le trouble où ils étaient, ils partirent avec tant de précipitation, qu'ils oublièrent, dans le tabernacle du grand-autel, le ciboire d'or, dans lequel ils conservaient le St.-Sacrement. Ils ne s'aperçurent de ce malheur, que lorsqu'ils étaient déjà à moitié chemin. L'alarme fut grande, car aucun d'eux n'osait retourner sur ses pas. Au milieu de cette anxiété, un de leurs serviteurs, nommé Jean Livet, jeune homme plein de foi et de résolution, demanda s'il pourrait toucher au St.-Sacrement. Sur la réponse affirmative des religieux, il partit sur-le-champ, et bientôt il reparut sain et

Ils oublient le St. - Sacrement dans le tabernacle.

Conduite généreuse d'un de leurs serviteurs qui va chercher le St.-Sacrement.

Le château du Rocher est bâti sur des rochers et il se trouve élevé prodigieusement à l'ouest et au nord. Vu de ces deux côtés, il offre quelque chose de majestueux ; il est baigné par un magnifique étang, dont l'eau se répandait dans d'immenses fossés qui le défendaient à à l'est et au midi. M. Einard les a fait combler et on peut lui reprocher d'avoir déshonoré un superbe édifice par des constructions et des réparations de mauvais goût.

Le Paige se trompe, dans son dictionnaire du Maine (article Mézangers), quand il dit que les héritiers de M. Einard vendirent le château du Rocher au sieur Nicollais ; car il n'en a jamais été en possession. Il est actuellement habité par M. le marquis d'Argentré qui l'a acheté, en 1783, de M. de la Ferronnays.

sauf auprès de ses maîtres, avec le saint-ciboire qu'il avait enveloppé dans un linge blanc.

Les hérétiques s'emparent d'Évron.

Ce généreux serviteur était à peine sorti de la ville, que deux cents huguenots, sous la conduite d'un chef nommé Marais, entrèrent dans le monastère. Ils s'y logèrent et l'église abbatiale servit d'écurie à leurs chevaux. Ces impies firent long-temps des courses et des brigandages dans le voisinage ; mais enfin la noblesse du pays fatiguée et humiliée de cette oppression, parvint à rassembler cinq mille hommes qui eurent bientôt dispersé ces brigands.

Ils sont chassés du pays.

Ils s'enfuirent d'abord au château de Montsûrs, où ils ne trouvèrent que des débris; et comme ils ne s'y crurent point en sûreté, ils se refugièrent au château deRochefort, au-dessous de la ville d'Angers.

Les religieux fortifient leur monastère.

Quand les religieux d'Évron furent revenus, dans leur monastère, ils prirent la résolution de se fortifier, pour être en état de résister, avec les habitans de la ville, aux hérétiques qui venaient si souvent les inquiéter. Ainsi, afin d'éviter toute surprise, ils firent creuser, autour de l'église et des lieux réguliers, de profonds fossés et ils établirent deux ponts-levis. Ils murèrent en même temps tous les bas vitraux de leur église, comme ils le sont encore aujourd'hui. On aperçoit également la place d'un des ponts-levis, à l'entrée du porche qui conduit à la cour de l'abbatiale. Il ne reste plus qu'une petite nappe d'eau au nord de la maison de l'abbé; les fossés furent comblés par Pierre Mortier, de 1616 à 1635. L'eau, qui les remplissait autrefois, venait par des conduits souterrains d'une source qui est au Boulay, lieu situé à l'entrée de la ville.

Les religieux d'Évron, épuisés par les pillages des hérétiques.

Tant de pillages, exercés à différentes reprises, avaient épuisé les ressources du monastère. C'est pourquoi l'assemblée du clergé de France ayant consenti, vers ce même temps, à payer annuellement au roi une somme de cinquante mille écus d'or, les religieux d'Évron, qui avaient été taxés à cinquante pour leur part, mirent publiquement en vente, le 21 mars 1578, une rente de trente-six livres tournois, que leur devaient les Chartreux. Ceux-ci l'achetèrent, moyennant la somme de deux cent quatre-vingt-huit écus.

Les abbés usurpent le titre et les revenus de l'office de cellérier.

Après la mort d'Étienne Heuste, Guy Adelée, ecclésiastique séculier fut pourvu de l'abbaye, en 1587, et il la résigna, dès l'année suivante, à Jean de Balsac d'Entragues. Celui-ci, par reconnaissance pour son bienfaiteur, lui donna l'office de cellérier avec les revenus qui y étaient attachés. Après sa mort, il s'empara lui-même du titre de cellérier et il s'en attribua tous les droits. Les réclamations des religieux furent inutiles et ses successeurs profitèrent de cette usurpation jusqu'à l'introduction des religieux de St.-Maur, dans le monastère.

Jean de Balsac mourut, en 1608, et après une

vacance de deux ans, l'abbaye fut donnée à son frère Nicolas de Balsac qui ne vécut ensuite qu'une année. Ainsi, en 1611, le roi Louis XIII nomma Claude Belot, à la sollicitation de Henri, prince de Condé.

Claude Belot poursuit les héritiers de ses deux prédécesseurs.

Aussitôt après sa prise de possession, il se pourvut devant le parlement de Paris contre les héritiers de ses deux prédécesseurs qui avaient négligé les réparations de l'abbaye et de ses dépendances. Le bailli de la juridiction de Ste.-Suzanne fut chargé de faire la visite. Mais les héritiers de Jean et de Nicolas de Balsac aimèrent mieux entrer en arrangement avec le nouvel abbé, que de courir les chances d'un procès dispendieux.

Claude Belot fait réparer l'église et bâtir une nouvelle maison abbatiale.

Claude Belot employa l'argent qu'il reçut à rétablir le pavé de l'église, à refaire une grande partie de la couverture, à restaurer les vitraux et à réparer les métairies qui tombaient en ruine. Enfin il fit bâtir une maison abbatiale contre l'ancien bâtiment, où logeaient les abbés réguliers qui, dans les derniers temps, vivaient eux-mêmes séparés de leurs religieux. Ils avaient une petite chapelle intérieure : elle a été convertie en chambre, depuis plusieurs années, et la voûte en brique a été détruite. Au-dessus était un clocher, démoli en 1817, un petit dôme remplit la place qu'il occupait. On a établi une fabrique de chapeaux, dans cette vieille maison abbatiale, et les sœurs viennent de faire l'acquisition de la nouvelle, bâtie par Claude Belot.

L'année qui suivit la prise de possession de cet abbé, c'est-à-dire en 1612, Étienne Baudry, camérier de l'abbaye, céda à Urbain de Montécler, baron de Charnai, tous les droits féodaux, dont il jouissait, dans la paroisse de Châtres, et qui étaient attachés à son office. Il eut en échange la métairie de Beauregard, située près le bourg de Châtres. A côté se trouve un vieux château : il se nommait d'abord Launai-Péan et il était venu à ce baron par Renée Nepveu, sa mère. En 1616, il fut érigé en marquisat, en sa faveur, sous le nom de *Montécler*. Des fossés remplis d'eau existent autour de la plus grande partie de ce château, toujours habité par la famille de Montécler, et le pont-levis se lève encore tous les soirs.

Le camérier de l'abbaye cède à Urbain de Montécler les droits féodaux dont il jouissait, dans la paroisse de Châtres.

Cependant, si les commencemens de Claude Belot furent dignes d'éloge, bientôt il exerça, dans son abbaye, un affreux vandalisme. En 1615, les religieux se virent forcés de dénoncer leur abbé au parlement de Paris. Ils l'accusaient d'avoir détruit la chapelle de l'infirmerie dédiée à St. Michel, ainsi que les vieux portiques de l'église qui étaient voûtés, et d'avoir employé les pierres à la construction de sa maison. Ils l'accusaient encore d'avoir renversé les bâtimens de l'infirmerie, de s'être emparé du jardin adjacent (qui, depuis ce temps, a toujours fait partie de l'abbatiale), d'avoir consacré à des usages profanes la chapelle de St.-Crespin et d'avoir réduit d'un tiers le nombre des religieux. Les moines renouvelaient ensuite les nombreux griefs exposés déjà plusieurs fois contre les abbés commenda-

Plaintes des religieux contre les ravages de Claude Belot dans l'abbaye.

taires. Mais ils leur reprochaient surtout d'avoir usurpé le titre de cellérier, pour s'en attribuer les revenus, et d'avoir supprimé les deux prêtres chapelains qui, de temps immémorial, portaient la croix et l'eau bénite, présentaient le pain bénit et faisaient les fonctions de sacristain. Enfin ils se plaignaient amèrement que leur maison était remplie de chevaux de luxe et de chiens de chasse.

Le parlement de Paris n'eut, sans doute, pas égard à de si justes réclamations, car les commendataires continuèrent de jouir de leurs usurpations et le nombre des religieux varia, selon leur volonté. La chapelle de l'infirmerie n'a jamais été relevée. Elle était fort ancienne, car, en 1211, Juhel de Mayenne et Élisabeth sa mère fondèrent le luminaire de cette chapelle. Dernièrement, en 1836, des ouvriers découvrirent, en faisant des fouilles, auprès de la porte de l'abbatiale, du côté du jardin, une petite portion de mur qui appartenait certainement à cette chapelle. On distinguait facilement une fresque dont il avait été décoré : c'était St. Michel qui, une balance à la main, pesait des ames. Il n'en reste plus aucune trace ; la pluie a tout effacé.

Chapelle de l'infirmerie.

Quant à la chapelle de St.-Crespin, elle a été aliénée, comme bien national, et elle sert de magasin. C'est un morceau curieux d'architecture du XIIe siècle, époque si riche en fondations dans l'abbaye d'Évron. Le cartulaire prétend à tort que cette cha-

Chapelle St.-Crespin.

pelle avait été bâtie par St. Thuribe, second évêque du Mans. C'est également l'opinion populaire ; mais il est plus rationel de dire qu'elle a été construite sur ses ruines. Elle servait de chapelle intérieure dans le monastère : la salle du chapître y était attenante ou plutôt faisait partie de cet édifice. Cette salle sert maintenant de sacristie et la voûte fut refaite, lorsqu'on la destina à cet usage. Au-dessus est l'ancien chartrier qui a conservé toutes les marques d'une haute antiquité. La salle du chapître et le chartrier avaient une communication avec la vieille maison conventuelle, que les sœurs ont détruite, en 1835, pour bâtir leur chapelle.

Salle du chapître et chartrier.

La chapelle de St.-Crespin se trouve appuyée contre le mur septentrional de l'église abbatiale. Sa forme est un carré long, terminé par une abside. La porte d'entrée est située au nord, dans le mur latéral. C'est une ogive romane en pierres de granit et dont les claveaux symétriques sont arrondis vers le parement des murs, de manière à présenter l'aspect d'une suite de rouleaux formant l'arcade. L'archivolte est couverte d'ornemens qui ressemblent assez à des fermoirs de livres. Deux colonnes, placées à droite et à gauche, décorent les jambages; et les chapiteaux à volutes angulaires, et d'un travail grossier, indiquent assez, comme tout le reste, la période de transition au XIIe siècle.

Description de la chapelle de St.-Crespin.

Les murailles sont nues; seulement l'entablement

du rond point, à l'est, repose sur des arcades circulaires que soutiennent des têtes grimaçantes. Les fenêtres également simples sont légèrement ogives.

La voûte de la chapelle de St.-Crespin est en moëllons : elle forme le berceau et on y distingue facilement des peintures du temps qui mériteraient d'être copiées et conservées avec soin. Le rond point est la partie la plus remarquable. Là sont placées, à distances égales, des colonnes de granit minces et allongées. Les chapiteaux, couverts de feuillages grossièrement faits, supportent des arcs dont les pierres sont disposées comme celles des claveaux de la porte d'entrée. Ce genre d'ornement est tout-à-fait rare et il excite la curiosité des étrangers. Les peintures du rond point sont aussi très-intéressantes ; mais elles sont beaucoup plus endommagées, que celles des autres parties de la chapelle. Dans l'auréole, on a représenté J.-C. assis sur un trône et tenant la main droite levée pour donner sa bénédiction. Autour de lui figurent les quatre évangélistes, désignés par la vision d'Ezéchiel, et au-dessous deux anges debout l'encensoir à la main.

Établissement de la société des sœurs de la miséricorde.

Un an avant les réclamations des religieux contre leur abbé, la société des *sœurs de la Miséricorde* prit naissance, en 1614, dans la ville d'Évron. Elle fut approuvée, la même année, par Charles de Beaumanoir, évêque du Mans, puis par son successeur Émeric-Marc de la Ferté et finalement par le pape

Innocent II, en 1647. Le pontife leur accorda, par sa bulle, plusieurs indulgences attachées à leurs diverses fonctions. Hélène le Boucher fut la fondatrice et la supérieure de la société des sœurs de la Miséricorde. Le but de leur institution était de prendre soin des pauvres malades, d'ensevelir les morts et d'instruire les ignorans. Hélène le Boucher mourut le 20 février 1651 et elle fut inhumée dans l'église abbatiale. La mémoire de cette bienfaisante demoiselle était encore en bénédiction à Évron, avant la révolution.

Les services qu'elle avait rendus furent bien plus vivement appréciés après sa mort. On lui attribue, avec raison, le mérite d'avoir fondé la charité d'Évron. Les dames pieuses de la ville, qu'elle avait animées par son exemple et ses discours, continuèrent de l'administrer. Cependant il paraît qu'aucune d'elles n'obtint le titre ni les droits réels de supérieure, et par conséquent leur administration dut en souffrir. Mais, lorsque madame Tulard eût établi, en 1682, la congrégation des sœurs de la Charité à la Chapelle-au-Riboul, deux de ces sœurs furent appelées à Évron, en 1720. La maison qu'elles occupèrent, et qui a toujours retenu le nom de *maison de la Charité*, fut donnée par un vertueux prêtre, nommé René Touchard : elle est située dans la rue des Prés. La piété et la bienfaisance augmentèrent peu-à-peu les revenus de cet établissement qui, en 1790, s'éle-

Établissement des sœurs de la Chapelle-au-Riboul à Évron.

vaient à 1,800 livres. Les sœurs étaient nourries aux frais de la maison et elles recevaient chacune un traitement annuel de trente livres. Elles faisaient les écoles et visitaient les malades auxquels elles devaient administrer tous les remèdes nécessaires. Elles distribuaient aussi, chaque semaine, du pain, de la viande et du bouillon et elles prêtaient du linge aux pauvres.

Ancien bureau de charité.

L'administration de la charité était composée de six membres : le curé d'Évron était président et administrateur-né. Cependant, quand l'abbé était sur les lieux, il avait de droit la présidence du bureau. Les sœurs furent chassées, pour refus de serment, le 23 juillet 1792.

Bureau de bienfaisance.

Le bureau de bienfaisance d'Évron a recouvré une partie des rentes de l'ancienne charité, et lorsque Dom Barbier, dernier prieur claustral, fut revenu d'exil, il fit rendre ou amortir plusieurs rentes féodales ou foncières dues au monastère et qui n'avaient point été aliénées. Il demanda et obtint qu'elles fussent affectées au profit des pauvres.

Confrérie du rosaire, dans l'église abbatiale.

En 1615, les religieux d'Évron furent autorisés à ériger la confrérie du Rosaire, dans leur église. Les fidèles de la ville et du voisinage rivalisèrent de zèle pour s'y faire admettre. L'année suivante, Claude Belot résigna son abbaye à Pierre Mortier et il mourut peu de temps après. Après sa mort, le premier soin de son successeur fut de dénoncer ses ravages au parlement de Paris. Les héritiers de Claude Belot furent obligés de transiger, pour éviter les poursuites.

Les religieux d'Évron demandent des sujets à la congrégation de St.-Vannes.

Ce fut à cette époque que les moines d'Évron demandèrent des religieux à la congrégation de St.-Vannes de Verdun en Lorraine, érigée l'an 1603. Ils désiraient rétablir parmi eux l'ancienne observance, car le relâchement s'était introduit, depuis que les commendataires avaient été institués. Leur demande ne fut point accueillie, à cause du petit nombre de sujets, que possédait cette congrégation naissante, et parce que le roi de France permettait difficilement que des étrangers vinssent diriger les communautés de son royaume.

Ils demandent des religieux de St.-Maur, pour établir la réforme.

Les religieux d'Évron s'adressèrent, en 1618, à la congrégation de St.-Maur qui venait d'être érigée, pour entreprendre la réforme de tous les monastères de St.-Benoît. Ils furent encore refusés ; mais, comme ils persistaient dans leur dessein, ils résolurent de ne point recevoir de novices, pour faire place plus tard aux religieux de la réforme. En effet, en 1639, au lieu de seize religieux qui auraient dû habiter la maison, il n'en resta que dix. Or, comme, cette même année, le chapitre général de St.-Maur était assemblé à Vendôme, les religieux d'Évron députèrent le chambrier de l'abbaye, pour solliciter des sujets qui pussent remplir les places vacantes. L'abbé Achille-le-

Petit-de-Gournai, célèbre prédicateur, qui avait succédé par résignation à son oncle Pierre Mortier, en 1631, fit des instances de son côté, et pour preuve du désir qu'il avait de voir renaître la discipline, il offrit de restituer l'office de cellérier et les deux chapelles de l'aumône dont ses prédécesseurs s'étaient emparés.

Leur demande est exaucée et les religieux de St.-Maur prennent possession des offices vacans.

Satisfaits de cette bonne volonté, les supérieurs de la congrégation de St.-Maur chargèrent l'abbé de St.-Vincent du Mans, Bède de Fiesque, de visiter l'abbaye d'Évron et de traiter avec l'abbé et les religieux. L'accord se fit le 7 juillet 1639. En conséquence deux religieux furent envoyés, le 3 février 1640, pour prendre possession du monastère et des offices claustraux qui étaient vacans. Enfin, le 14 mars suivant, l'abbé de St.-Vincent et le visiteur de la province de Bretagne (31) arrivèrent à Évron avec sept autres religieux de St.-Maur, pour établir communauté. Ils furent introduits dans le chœur, le chapitre, le réfectoire et autres lieux réguliers. Jean-Baptiste Mousy fut le premier prieur de la réforme, et les offices de

(31). La congrégation de St.-Maur, ayant été divisée en plusieurs provinces, les maisons établies dans le Maine, la Touraine, l'Anjou et la Bretagne, composèrent la province qui prit le nom de province de Bretagne. St.-Vincent du Mans en fut le chef-lieu. Tous les trois ans, depuis 1681, la diète provinciale composée des supérieurs conventuels et des religieux députés, s'y réunissaient pour nommer les quatre membres qui devaient assister au chapitre général à Marmoutiers.

cellérier, d'infirmier, d'armoirier et de chantre furent remplis par les religieux qui l'avaient accompagné. Ils firent faire à Angers, en 1644, pour la somme de 400 livres, les bustes de St. Hadouin et de St. Léon pape. Ils sont en cuivre argenté et ils y mirent des reliques de ces deux saints. Ces reliquaires ont été conservés et on les expose, aux jours de fêtes, sur les crédences du sanctuaire de l'église paroissiale d'Évron; mais ils servent seulement de décoration, parce que les reliques ont été enlevées.

Prieuré de bénédictines établi à Évron.

Quelques années avant l'introduction de la réforme, Urbain-Maurice, marquis de Montécler et son épouse Marie de Froullay fondèrent, dans la ville d'Évron, un prieuré de bénédictines. Ce fut au mois de mai 1636, que la dame de Corcelles, cousine du fondateur et religieuse de l'abbaye du Pré au Mans vint en prendre possession, et elle fut la première prieure de cet établissement. Le prieuré, qui était conféré par l'évêque du Mans, était dédié à St. Joseph.

Nouvelle maison conventuelle des bénédictines.

Les bénédictines firent construire, en 1782, une nouvelle maison conventuelle, parce que l'ancienne était trop petite et tout-à-fait incommode. La prieure y avait des appartemens séparés de ceux des religieuses. On voit encore sur le bord de la rue des Prés les débris de cette vieille habitation, qui offrent un spectacle hideux. La chapelle était dans une des salles et elle était si peu décente que Monseig. de Gonssans avait menacé de l'interdire. Les religieuses, qui n'étaient pas riches, et qui néanmoins trouvaient le moyen de faire beaucoup de bien aux pauvres, avaient, à force d'économies, amassé une somme d'argent suffisante pour bâtir une chapelle. Elles étaient sur le point d'en jeter les fondemens, quand elles furent chassées.

Leur nouvelle maison, dont madame de Vaugirault, qui était alors prieure, avait posé la première pierre, subsiste encore; mais elle n'offre rien de remarquable pour l'architecture.

Le seigneur de Foulletorte reconnaît qu'il doit foi et hommage à l'abbé et aux religieux d'Évron.

Achille-le-Petit-de-Gournai qui avait témoigné tant de zèle pour la réforme et qui avait montré un si beau désintéressement, était encore abbé, lorsque, en 1646, Jacques de Vassé, seigneur châtelain de St.-Georges, de Foulletorte et de Vimarcé, reconnut par un acte authentique, qu'il devait hommage à l'abbé et aux religieux d'Évron. On lira, avec d'autant plus de plaisir, un petit extrait de cet acte, que le château de ce seigneur est situé dans la paroisse de St.-Georges-sur-Erve, canton d'Évron. Il est en bonne réparation, et ceux qui le connaissent pourront au moins apprécier facilement les changemens que le temps lui a fait subir.

« De vous, monseigneur l'abbé et messieurs les
» religieux de l'abbaye de Notre-Dame d'Évron. Je
» soubsigné Jacques de Vassé, chevalier, seigneur
» chastelain de St.-Georges, de Foulletorte et

» Vimarcé, gentilhomme ordinaire de la maison du » roy, cognois et confesse estre votre homme de foy » lige au regard de vostre baronnie d'Évron, pour » raison des choses dont la déclaration ensuit :

« Premièrement, je tiens soubs ledit hommage » mon chasteau et maison forte de Foulletorte, sise » en la paroisse de St.-Georges-sur-Erve, consistant » en plusieurs édifices et bastimens sur haute cour, » fermée de murs, tours, douves et fossés avec un » pont-levis pour entrer en ladite cour; une basse-» cour, un jardin et un verger aussi fermé de murs » et une *motte* pareillement environnée de douves et » fossés, anciennement appelée la *Motte de Vassé*, » un moulin attaché à la chaussée desdits fossés avec » tous les droits qui en dépendent et un petit estang » joignant à ladite basse-cour, et en ma pré de » Foulletorte..... la rivière d'Erve et le droit d'y pes-» cher en toute l'étendue de ma chastellenie..... et » en mon bois taillis..... mon bois de haute futaye, » nommé le bois des Hayes....... Cependant comme » seigneur de ladite chastellenie de Foulletorte, je » suis fondateur de l'église parrochiale dudit St.-» Georges-sur-Erve et d'une chapelle nommée la » chapelle de Royault dans mon dit chasteau, de » laquelle je suis patron lay ; et lorsqu'elle est va-» cante, j'ai le droit de présenter à monseigneur » l'évesque du Mans telle personne capable que bon » me semblera ; pour la dotation de laquelle mes » prédécesseurs ont donné les dixmes de grains et

» autres choses inféodées, et ladite chapelle tenue » de moy en garde et ressort par les titulaires d'icelle. » Item j'ai droit de justice haute, moïenne et basse, » pour raison de laquelle je doibs et suis tenu vous » faire et porter la foy et hommage lige et payer à » mutation d'abbé cinq sols mançais en service. En » outre en cas d'hostilités, je suis tenu de donner » retraite à messieurs les abbés d'Évron dans mon » dit chasteau de Foulletorte, si monseigneur le » baron de Sillé ne s'y est retiré le premier..... En » tesmoin de quoy j'ai signé de ma main le présent » adveu, iceluy scellé du scel de mes armes et faict » signer à maistre Jean le Maire, notaire de mes » dites chastellenies. Le quatriesme jour de novem- » bre, mil six cent quarante-six, signé J. de Vassé » et J. Le Maire. »

L'abbé Hardi acquit, par decret, la seigneurie de la paroïsse de St.-Georges qui était autrefois un membre de la terre de Vassé, dont elle a été séparée, il y a plus d'un siècle et demi, et le château de Foulletorte auquel elle est annexée. Cet abbé Hardi légua par son testament la terre de St.-Georges à M. Pinon-Davor, ancien maître des requêtes, avec substitution jusqu'à la majorité du fils aîné dudit seigneur Pinon dont les descendans la possèdent aujourd'hui : ils portent le titre de marquis de St.-Georges.

Château de Foulletorte.

Le château de Foulletorte est d'une ancienne architecture; il est entouré d'une large et magnifique douve, dans laquelle passe la rivière d'Erve. Le pont-levis n'existe plus et la chapelle a disparu également.

Cloches de l'église abbatiale refondues en 1649 et 1821.

En 1649, Achille-le-Petit-de Gournai permit aux religieux de faire refondre, à ses dépens, les six cloches tant de la tour que du clocher de leur église. Quand elles furent prêtes, elles pesaient environ 9,744 livres. Les deux plus petites furent placées dans le clocher : elles ont été respectées, pendant la révolution et elles sont aujourd'hui à l'usage de la paroisse. Les cloches de la tour furent détruites, en 1793, à l'exception d'une seule qui ne reçut que quelques coups de marteaux : on la réserva pour sonner le tocsin à l'occasion et pour servir de timbre à l'horloge. Après la révolution, elle fut rendue à sa première destination et elle sonnait aux jours de fêtes. Mais elle ne servit pas long-temps; car, quoiqu'elle n'eût été que légèrement endommagée par le furieux qui avait voulu la détruire, on avait de justes raisons de craindre des accidens. Au bout de quelques années, le conseil de fabrique prit enfin la résolution de la faire fondre. Les habitans témoignèrent alors le désir d'avoir une seconde cloche et ils promirent de contribuer aux frais. Pour répondre à leur désir et à leur bonne volonté, les membres du conseil firent une quête dans la ville et dans la campagne. Ils recueillirent une somme suffisante et les deux nouvelles cloches de la tour furent bénites, le 8 mai 1821.

Achille-le-Petit-de Gournai qui, par sa générosité

et sa belle conduite, avait fait oublier les désordres des derniers abbés, céda son abbaye, en 1657, à Michel Amelot, abbé de St.-Calais et conseiller au parlement de Paris. Après avoir renouvelé, en 1666, le lambris de la vieille église, il fit accroître et vitrer les quatre fenêtres de la nef, afin que l'orgue fut mieux éclairé. Il voulut même qu'on augmentât de moitié le grand corps qui n'était que de quatre pieds, et on tira le positif de dessous, pour le mettre en saillie. Enfin, il fit enduire et blanchir en entier l'église abbatiale.

Michel Amelot fait refaire le lambris de la vieille église et élargir les croisées.

Michel Amelot fut nommé par le roi au commencement de l'année 1671, à l'évêché de Lavaur et en 1673, à l'archevêché de Tours où il mourut. Mais dès l'an 1683, il avait cédé, avec l'agrément du roi, l'abbaye d'Évron à son neveu Charles Amelot qui mourut, sans avoir rien fait d'important pour les intérêts de l'abbaye. Son successeur, César d'Estrées, n'est guères recommandable à Évron, que par sa naissance et ses titres. Il fut cardinal, ambassadeur à Rome et en Espagne : il devint même grand-maître des ordres du roi et membre de l'académie française. Il mourut en 1718.

Construction de la belle maison conventuelle des religieux d'Évron.

Charles-Gabriel Castel-de-St.-Pierre-de-Crevecœur lui succéda. Quoiqu'il ait été long-temps en possession de l'abbaye, il ne nous reste aucune preuve de sa générosité. Loin de contribuer à la construction de la magnifique maison conventuelle, entreprise vers 1724, il refusa de se charger des réparations, parce que les religieux n'avaient pas rempli les formalités réquises auprès du parlement de Paris. Il est probable qu'ils firent cette omission à dessein, dans la crainte que l'abbé ne s'opposât à l'exécution de leur projet. Ses successeurs profitèrent de son exemple ; ils se bornèrent à faire réparer les anciens bâtimens et celui-ci resta à la charge de la communauté. Ce fut monseig. de Froullay, nouvellement évêque du Mans qui posa, avec une grande solennité, la première pierre de ce magnifique édifice, que les étrangers visitent avec admiration. Il est bâti en pierres de taille et il réunit l'élégance et la solidité. Ce n'est que la moitié du plan qui avait été d'abord tracé et adopté : les religieux craignirent de ne pouvoir suffire aux dépenses énormes de cette construction d'ailleurs trop somptueuse et trop vaste pour le petit nombre de ceux qui devaient l'habiter. C'est pourquoi ils résolurent de suspendre ou plutôt d'arrêter les travaux. Enfin vers 1740, ils firent construire le beau portail d'entrée avec les autres appartemens qui se prolongent jusqu'au porche de la prison. Ils devaient exécuter le même travail du côté opposé; mais les réparations, qu'ils voulurent faire dans l'église abbatiale, ne leur avaient pas encore permis de réaliser leur projet de régularité, quand ils furent obligés de s'expatrier.

Monseig. de Froullay pose la première pierre.

Les religieux suspendent leurs travaux.

La nouvelle maison conventuelle, située à l'ouest

de l'église, n'en est séparée que par une grosse tour carrée d'une architecture simple et matérielle. Elle fait partie de la vieille église, mais les religieux en consacrèrent la plus grande partie à l'emplacement de cet élégant escalier qui décore avec tant de magnificence l'intérieur de leur maison. Il est facile de voir que la grande fenêtre qui l'éclaire, est de construction nouvelle. Les grosses cloches de la paroisse sont suspendues dans l'autre partie de la tour où a été conservé le vieil escalier en pierres (32).

Une tour sépare la vieille église de la maison conventuelle.

Charles de Crevecœur mourut en 1748, quelques années après que les religieux eurent cessé les travaux de la maison conventuelle, et dans le temps même où ils venaient de rebâtir leur *four-à-ban*, qui était situé au bas de la rue de la Fontaine. Cette maison subsiste encore; mais elle a subi quelques changemens nécessaires pour une habitation bourgeoise. La date de 1748, inscrite sur la muraille, est restée intacte.

Four-à-ban des religieux.

Le four-à-ban de la baronnie n'était pas du domaine de l'abbé; il appartenait aux religieux qui

(32). La commune, la fabrique et les sœurs sont tenues à faire par tiers les réparations de la tour, parce qu'elle renferme le bel escalier de la communauté, les grosses cloches de la paroisse et l'horloge de la ville.

étaient co-seigneurs. Il en était de même des moulins-à-ban, au nombre de quatre : les moulins de Dinard et de Planche-Lambert, dans la paroisse d'Évron; celui de Gratesac (33), dans la paroisse de Voutré et celui de Noës près de Ste.-Suzanne. Ces moulins existent encore; mais le dernier a été converti en moulin-à-papier. Les habitans d'Évron avaient indistinctement le choix des quatre moulins. La baronnie ne possédait aucun pressoir-à-ban.

Moulins-à-ban des religieux.

Claude Ignace de Simiane, ayant donné sa démission de l'évêché de Troyes, en 1748, fut nommé à l'abbaye d'Évron qui venait de vaquer. Le nouvel abbé concéda, cette même année, ou au commencement de la suivante, un terrain entre le jardin de la maison abbatiale et le milieu de la rue de Ste.-Gemmes, pour y établir un cimetière, parce que celui qui était auprès des deux églises, ne pouvait plus suffire à la population. On donna alors à ce dernier le nom de *petit cimetière* et au nouveau celui de *grand cimetière*. Les sépultures se firent, dans l'un et dans l'autre jusqu'à la Toussaint 1783, époque

Cimetière établi entre la rue de Ste.-Gemmes et le jardin de l'abbatiale.

(33). On trouve le moulin de Gratesac cité, dans l'acte des donations ou restitutions faites par le vicomte Robert aux religieux d'Évron, en 987. La tradition prétend que cette propriété leur fut primitivement donnée par St. Hadouin, quand il fonda le monastère. Les autres moulins furent acquis postérieurement.

Ce nouveau cimetière et l'ancien sont interdits.

où ils avaient été déclarés interdits par monseig. de Gonssans. L'ancien cimetière se trouvait entièrement rempli et les sources étaient tellement abondantes dans le grand, qu'il fallait noyer les corps ; et comme ils se corrompaient lentement, la salubrité publique était compromise.

La paroisse d'Évron reste sans cimetière.

Quoique l'évêque du Mans eût fixé, avant l'interdit, un terme assez long, pour que les habitans pussent se procurer un terrain convenable, Évron resta néanmoins sans cimetière pendant deux ans, parce qu'une division fâcheuse avait éclaté entre les paroissiens. Dans une assemblée de paroisse qui eut lieu à cette occasion, le curé qui voulaït plaire aux deux partis, fut assez faible ou assez peu adroit, pour ne pas donner son avis qui aurait mis fin à toute animosité. Les religieux restèrent paisibles spectateurs de ce débat. La paroisse procéda contre le propriétaire qui refusait de céder le terrain désigné par le caprice des plus influens, tandis que les plus sages désiraient le lieu évidemment le plus convenable. C'était une pièce de terre, appartenant aux religieux, et au milieu de laquelle était placée l'église de St.-Martin-des-Champs. Mais l'avis des premiers ayant prévalu, l'affaire fut portée d'abord au présidial du Mans et enfin au parlement de Paris. La paroisse n'obtint nulle part l'avantage et les frais furent considérables. Les deux notables, qui s'étaient chargés de soutenir le procès et qui l'avaient occasionné, firent les avances. On établit un mode de

Procès au sujet d'un terrain pour faire un cimetière.

La paroisse perd son procès.

répartition pour leur en assurer le remboursement; mais la révolution arriva, comme on commençait à le mettre à exécution. Il fallut y renoncer et la perte qu'ils éprouvèrent, fut évaluée à 12,000 livres environ.

Pendant toute la durée du procès, les morts étaient enterrés alternativement dans les chapelles de St.-Martin-des-Champs et de St.-Nicolas. Elles furent bientôt remplies et alors il fallut faire les sépultures dans les cimetières du voisinage. Mais lorsque l'arrêt du parlement de Paris eut été connu, quelques paroissiens, amis de la paix, et qui voulaient éviter des récriminations ou de nouvelles animosités, engagèrent le sieur Patou à offrir un champ qu'il possédait, à l'entrée de la route de Mézangers. Il fut accepté, dans le courant de l'année 1785, et depuis ce temps, le cimetière de la paroisse y est établi. La fabrique donna en échange un terrain, situé proche la chapelle St.-Nicolas. Ce champ appartenait à l'ancienne léproserie dont les biens avaient été assignés à la fabrique, quand cet établissement cessa de subsister. Le nouveau cimetière d'Évron fut bénit par M. Marquis-du-Castel, curé de Ste.-Suzanne et doyen d'Évron : monseig. l'évêque du Mans l'avait chargé de présider à cette cérémonie.

Nouveau cimetière.

Hyacinte Duplessis-Mauduit succéda au mois de juillet 1768, à Claude de Simiane. Il ne fut abbé que trois ans : il eut pour successeur Jean Duplessis-d'Argentré, abbé de St.-Germain-d'Auxerre et d'Olivet et premier aumônier de Monsieur, frère du roi Louis XVI. Il fut ordonné, en 1774, évêque de Tagaste et nommé à l'évêché de Séez, en 1775. Dom Barbier, dernier prieur claustral d'Évron, obtint de cet abbé la permission de couper plusieurs arpens de bois sur le terrain qui appartenait à son titre. Ils produisirent une somme de 20,000 livres et cet argent fut employé, en 1779, à la décoration du chœur de l'église abbatiale, que les religieux firent transporter dans l'abside. Il avait toujours été auparavant au bas de la nouvelle nef, quoique l'autel fut placé au fond de la partie supérieure. Le peuple pouvait occuper le tranceps et il séparait ainsi le célébrant du reste du clergé. On montait au sanctuaire par quatre ou cinq marches, au bas desquelles régnait la table de communion. A chaque extrémité on voyait deux anges en cuivre doré, portant les instrumens de la passion. Ils avaient environ trois pieds de hauteur, et ils étaient soutenus par des colonnes de cuivre qui reposaient sur un piédestal en marbre. C'était un des nombreux présens de François de Châteaubriant. L'autel, autour duquel on pouvait circuler, était de bois grossièrement travaillé et couvert, ainsi que les stalles du chœur, d'une multitude de bas-reliefs. Au bas des marches et du côté de l'évangile, se trouvait la statue en cuivre de Renaud, vicomte de Blois, qui, comme on se le rappelle, y avait été inhumé, en 1277. Elle était

L'abbé d'Argentré accorde une coupe de bois aux religieux pour les réparations de leur église.

Le chœur est transporté dans l'abside.

Décorations de l'ancien sanctuaire.

Tombeau du vicomte de Blois.

étendue sur une estrade légèrement élevée au-dessus du sol et la tête tournée vers l'autel (34). Du côté de l'épître se trouvait la fontaine si célèbre, et auprès de laquelle le pélerin s'était reposé. Elle était fermée par un couvercle en bois qu'on enlevait aux fêtes de la Ste. Vierge, et les offrandes de ceux qui venaient y puiser de l'eau étaient considérables. Mais il se mêlait beaucoup de superstitions grossières; c'est pourquoi les religieux trouvèrent moyen alors de la faire disparaître. Elle est cachée sous une des stalles du chœur entre le pupitre et la chapelle de St. Sébastien : il serait facile de la retrouver.

La fontaine auprès de laquelle le pélerin s'était endormi.

(34). Autour du tombeau de ce vicomte, on lisait encore cette épitaphe écrite en lettres gothiques, et dont quelques mots seulement étaient effacés :

Bis sex centeno septeno septuageno
Anno de coalis quo vox venit Gabrielis,
Novit hæc claudi que respicit ossa Renaudi
Blesis sub. . . . .
. . . . a regna patere. Amen.
Virgo Maria dei præsentet eum faciei;
Ut sic fiat ei dic miserere mei.

Le vicomte Renaud avait, sans doute, été inhumé dans le chœur de l'église abbatiale, comme descendant du fondateur. Le *patron* et le seigneur de la paroisse, dit M. Duchemin-de-Villiers, (essai sur le régime féodal, page 77), avaient le droit d'être *enterrés dans le chœur*, ainsi que leur famille et d'y prohiber toute autre inhumation, excepté celle de l'évêque et du curé.

Ils avaient aussi le droit d'avoir dans l'église des tombeaux ou monumens élevés au-dessus du pavé, à l'exclusion de toutes autres personnes, si ce n'est de celles de plus éminentes dignités.

Description du nouveau chœur, de l'autel et de ses ornemens.

Le chœur commencé en 1779, fut terminé en 1782 : il est fermé par une grille en fer d'un travail délicat. Dans l'intérieur, on admire sa riche boiserie et ses cinquante stalles placées en rang étagé de chaque côté. Malheureusement cet ouvrage n'est point d'accord avec le style de l'édifice. Le maître-autel, disposé à la romaine, est revêtu de marbre bleu turquin et enrichi sur le devant d'un magnifique bas-relief en marbre blanc, qui représente J.-C. mis dans le tombeau. Le Sauveur est étendu sur un linceul blanc merveilleusement drapé ; Nicodème et Joseph d'Arimathie se disposent à l'ensevelir ; Marie et les saintes femmes, dans l'attitude de la tristesse la plus profonde, assistent à cette scène de douleur. Tous les personnages sont ravissans d'expression : l'ensemble du travail est un chef-d'œuvre exquis d'exécution. Le pourtour et les gradins de l'autel sont embellis de guirlandes en cuivre doré. Au milieu de six beaux candélabres du même métal et couverts d'épis de blé et de grappes de raisin, s'élève sur le tabernacle, un crucifix de cuivre qui a quatre ou cinq pieds de hauteur et autour duquel s'entrelace un serpent d'un travail élégant (35). Tous ces brillans ornemens ont

---

(35). L'autel, y compris le bas-relief, a coûté 10,000 fr. Le bas-relief seul fut estimé 3,000 fr. et il avait d'abord été destiné pour la cathédrale de Rouen. Le crucifix de cuivre, qui est au-dessus du tabernacle, a coûté 500 fr. et chacun des candélabres également 500 fr. La boiserie du chœur 8,000 fr. : la grille en fer de 5 à 6,000 fr. et le pupitre en cuivre doré, qui est sans contredit le plus beau de tout le diocèse, a coûté 1,500 fr.

échappé au vandalisme révolutionnaire, grace au soin protecteur de l'administration locale.

Le nouvel autel du chœur de l'église abbatiale fut consacré solennellement par monseig. de Gonssans, le premier dimanche de septembre de l'année 1782. M. Duplessis-d'Argentré avait donné sa démission de l'abbaye d'Évron au mois de juillet précédent, et le 10 de septembre de la même année, Eutrope-Alexis de Chardebœuf-de-Pradel, vicaire général de Limoges et premier aumônier par quartier de *Monsieur*, frère du roi, fut, sur la présentation de ce prince, nommé abbé commendataire d'Évron. Il prit possession par procureur et le prieur Dom Barbier fut chargé de cette commission. L'abbé de Pradel montra les meilleures dispositions, quand il vint visiter l'abbaye. Son administration fut toute paternelle : c'est le dernier abbé commendataire d'Évron.

Consécration du grand autel de l'église abbatiale.

Il fit construire, en 1786, des classes pour le collège, sur le bord de la rue de la Perrière. Le collège d'Évron avait été établi vers la fin du XVIe siècle : il consistait en une vieille maison, petite et peu commode. Elle avait été donnée par Étienne Heuste, abbé commendataire, qui réserva la présentation à ses successeurs. Quand le principal avait pris possession, il était inamovible.

Fondation du collège d'Évron.

L'abbé avait en outre fondé une rente de 40 livres, établie sur une maison située dans la rue de la Fon-

Ses revenus.

taine, et qui était une propriété dépendante de son titre. Le reste de la fondation était un bienfait de la fabrique : elle avait concédé 120 livres de rente sur le lieu de la Présais qui lui appartenait, et qui faisait autrefois partie de la léproserie. Enfin la paroisse elle-même venait au secours du principal, car elle l'avait autorisé à partager la glane avec les vicaires.

La rente de la Présais est entièrement perdue pour le collège, parce que cette propriété a été vendue comme bien national. L'autre rente a été payée au principal jusqu'en 1812. Il a cessé d'en jouir à cette époque, par suite d'une réclamation formée par l'administration des domaines, à raison de ce qu'elle était établie sur un bien national.

La maison du collège appartenait à la paroisse.

Il parait que l'abbé, qui avait donné la maison du collège, s'était dessaisi de la propriété, car les réparations, réfections et constructions, étaient réglées par des assemblées de paroisse et chacun était imposé dans une proportion déterminée. Si les abbés se chargeaient quelquefois des dépenses, c'était par un acte de bonne volonté. Le prix mensuel des écoles était également fixé dans une assemblée de paroisse.

Prétentions du recteur de l'académie d'Angers.

Cette simple exposition des faits suffit pour détruire les prétentions de M. le recteur de l'académie d'Angers qui, par ses deux lettres du 14 et du 23 février 1837 à M. le maire d'Évron, prétendait que le collège de cette ville appartenait à l'université, *parce que c'était l'ancienne propriété d'un corps enseignant.* Il y avait double erreur dans cette prétention. Le collège n'a point été fondé par les religieux, mais par un abbé commendataire dont les revenus n'avaient rien de commun avec ceux de la maison conventuelle. Puis, si les bénédictins étaient un corps enseignant, ceux d'Évron ne se sont jamais livrés à l'éducation de la jeunesse et aucun membre de cette congrégation n'a jamais eu la direction du collège.

Le collège d'Évron acquiert de la célébrité.

Cet établissement fut long-temps sans importance et même ce ne fut qu'en 1785 qu'il acquit une certaine célébrité, lorsque M. l'abbé Poupin devint principal. La réputation de cet ecclésiastique l'accompagna à son retour de l'exil et le collège d'Évron fut jusqu'en 1814 le plus florissant du département avec celui de Châteaugontier. Avant la révolution, les armes du collège étaient d'*azur à un livre ouvert d'or*.

Ses armes.

Construction d'un nouveau collège.

Le vieux collége a été détruit, au commencement de 1837, quand M. le recteur de l'académie d'Angers eut abandonné ses prétentions, et un nouveau bâtiment se construit sur l'emplacement des classes qui avaient été bâties aux frais de l'abbé de Pradel. La première pierre a été posée le 26 mai de la même année par M. Ollivier, maire d'Évron. Une école primaire du degré supérieur doit être annexée au collège; mais il est à regretter que plusieurs appartemens de cet édifice soient destinés à la mairie et à la justice de paix. La modicité des revenus de la commune a forcé le conseil municipal à prendre cette détermination.

Conduite courageuse du prieur claustral et du principal du collège, à l'occasion du serment.

A l'époque de la révolution, le gouvernement s'empara de l'abbaye d'Évron et les moines furent obligés de se retirer. Les uns firent le serment et les autres furent déportés, parce qu'ils le refusèrent. La conduite ferme et exemplaire du prieur Dom Barbier fut un triomphe pour la religion. M. Poupin, principal du collège ne se montra pas moins courageux dans cette circonstance critique. Le refus, que ces deux ecclésiastiques firent de se conformer à la constitution civile du clergé, porta plusieurs de leurs confrères, qui étaient chancelans, à marcher sur leurs traces. La confiance, qu'inspiraient leurs vertus et leurs lumières, soutint le courage des vrais chrétiens, au milieu de l'apostasie du clergé paroissial d'Évron et éclaira ceux qui auraient été peut-être ébranlés par de fausses interprétations. Tous deux ils s'expatrièrent : à leur retour, ils rendirent de nouveaux services, l'un en reprenant la direction du collège et le premier en desservant tour-à-tour plusieurs paroisses destituées de pasteurs. Enfin il se fixa modestement à Évron, sans aucun titre officiel, et il ne cessa de travailler avec zèle au saint ministère jusqu'à sa mort arrivée en 1819.

Le mobilier des religieux est vendu.

Cependant, quand les moines eurent été dispersés, leur mobilier fut vendu. La maison conventuelle servit alternativement au district établi à Évron, en

1790, à la mairie et à la justice de paix. Des particuliers louèrent les appartemens qui n'étaient point occupés par ces différentes administrations; et de 1798 à 1800, quelques prêtres âgés et infirmes, qui se trouvaient dans les prisons du département, y furent envoyés.

Diverses destinations de leur maison.

Enfin la maison conventuelle des bénédictins est devenue le chef-lieu de la congrégation des sœurs de la Chapelle-au-Riboul, appelées maintenant sœurs de la charité d'Évron. Ces filles humbles et pleines de dévouement s'occupent de l'éducation des jeunes filles; elles se chargent du soin des hôpitaux, du traitement des pauvres à domicile et de la distribution des secours. Les principes de médecine usuelle, qu'elles sont obligées d'apprendre au noviciat, les mettent à portée de rendre des services bien précieux aux malheureux de la campagne et souvent même aux pauvres des villes.

Les sœurs de la Chapelle-au-Riboul sont mises en possession de la maison des bénédictins.

Les établissemens des sœurs étaient au nombre de quatre-vingt-neuf, quand la révolution éclata. La maison et les dépendances de la Chapelle-au-Riboul, dont les revenus s'élevaient à environ 6,000 livres, ayant été déclarées propriétés nationales, les sœurs se dispersèrent. Mais, lorsque le gouvernement consulaire fut établi, M. Harmand, préfet de la Mayenne, invita la supérieure générale, qui vivait retirée au sein de sa famille, à venir occuper la maison des bénédictins d'Évron. Elle en prit possession, le 21 décembre 1803, après avoir été autorisée par monseig. de Pidoll, évêque du Mans, à continuer ses anciennes fonctions. Cent quarante sœurs, qui avaient échappé à la persécution, s'empressèrent de venir rejoindre leur respectable mère.

Les statuts de la congrégation approuvés par un décret.

Par un décret impérial rendu à Bayonne, le 7 mai 1808, l'abbaye d'Évron fut donnée à la congrégation des sœurs de la charité et les statuts furent approuvés par un décret du 13 novembre 1810, en date de Fontainebleau.

La congrégation a, depuis ce temps, acquis une grande importance : elle se compose actuellement de sept cent-quatre-vingt-cinq sujets, chargées de gouverner deux cent-dix-sept établissemens qui en dépendent. La Mayenne en renferme cent-quatorze et la Sarthe quatre-vingt-sept : les autres sont répartis dans cinq départemens circonvoisins.

Noviciat et pensionnat des sœurs.

La maison chef-lieu, où on forme les novices, et qui sert de retraite aux sœurs âgées et infirmes, est dans l'état le plus prospère. Le pensionnat qui y est établi, est sans contredit le plus important du département de la Mayenne. Le nombre des élèves toujours croissant atteste assez la confiance qu'il inspire. Les sœurs enseignent elles-mêmes tous les arts d'agrément et elles s'occupent aussi, depuis quelques années, de l'éducation des sourdes-muettes.

Lorsque les cantons furent organisés, dans les départemens, Évron obtint le titre de chef-lieu de canton. Il fait partie de l'arrondissement de Laval et il renferme onze communes (36). Il y a à Évron une justice de paix, un bureau d'enregistrement, un notaire, une brigade de gendarmerie, dix foires par an et un marché le jeudi. On y fait beaucoup de toiles et de linges de table : on y trouve des minerais de fer, et le pays est fertile en toutes sortes de grains. La population de la commune est de 3,865 habitans.

Canton d'Évron.

Produits d'Évron.

A l'époque du rétablissement du culte catholique en France, l'église abbatiale fut mise à la disposition des habitans d'Évron, par les soins de M. Bourmault, maire à cette époque et maintenant vicaire général de monseig. l'évêque du Mans. M. Renard, curé de St.-Christophe-du-Luat fit, en 1801, la cérémonie de la réconciliation. Cette église, qui avait été anciennement dédiée à la Ste. Vierge, continue de l'avoir pour patronne titulaire, car le changement de destination, qu'elle a éprouvée, ne pouvait changer le titre de sa dédicace. De son côté, la paroisse conserve toujours St. Martin, pour patron, parce que la destruction de l'ancienne église, dont il était en même temps titulaire, n'a point emporté l'extinction du patronage paroissial. Cet usage introduit,

L'église abbatiale devient église paroissiale.

(36). Le nom des communes du canton d'Évron à la fin de la notice.

dès le principe, a été confirmé, par une ordonnance épiscopale, en date du 25 août 1836.

Quoique la plupart des paroisses du diocèse eussent été pourvues de pasteurs, aussitôt après la publication du concordat, celle d'Évron en fut privée, pendant quelque temps, à cause des divisions qui éclatèrent sur le choix du sujet. M. l'abbé Dubourgneuf, depuis curé de St.-Calais et chanoine honoraire de la cathédrale du Mans, remplit provisoirement les fonctions pastorales. Enfin M. Bigot prit possession de la cure, au mois de juin 1803. Après avoir gouverné la paroisse, pendant vingt-trois ans, avec un zèle admirable, il mourut subitement le 28 juin 1826, dans l'ancien presbytère qu'il habitait, depuis quelques mois, et dont la commune avait fait l'acquisition, l'année précédente. M. Bigot légua, par son testament, ses ornemens à l'église d'Évron, et en donnant ses livres au presbytère, il y a fondé une bibliothèque.

M. Bigot, curé.

Son successeur, M. Provost, qui, depuis le commencement, avait partagé ses travaux en qualité de vicaire, fut installé le 15 août suivant. Il n'a gouverné la paroisse que cinq ans, car sa mort arriva, le 29 septembre, à la suite d'une longue et douloureuse maladie. Il emporta, comme son digne prédécesseur, les regrets de ses paroissiens. La mémoire de ces deux pasteurs est toujours en bénédiction à Évron. Monseig. de la Myre, qui voulut récompenser leur zèle

M. Provost, curé.

et leurs vertus, les avait nommés tour-à-tour chanoines honoraires de son église cathédrale.

Après la mort de M. Provost, la cure resta vacante plus de quatre mois. Son successeur, qui avait été agréé par une ordonnance du 5 janvier 1832, fut installé le 18 février suivant, par M. Bouvier, supérieur du séminaire et premier vicaire-général.

Successeur de M. Provost.

Le nouveau curé, ayant reconnu par expérience, combien étaient justes les vives et continuelles réclamations des paroissiens, fit des instances auprès de monseig. Carron, pour qu'un chapelain fut attaché à la maison des sœurs. Le prélat mourut sur ces entrefaites; mais l'affaire fut décidée en conseil par les vicaires-généraux capitulaires, le 9 septembre 1833, et l'ecclésiastique, désigné pour être chapelain, entra en fonctions le 1er octobre. Jusqu'à cette époque, les sœurs avaient été dirigées par les prêtres de la paroisse et elles assistaient aux offices publics. Mais, comme le nombre des sœurs et des pensionnaires augmentait de plus en plus, la séparation devenait absolument nécessaire. Le clergé paroissial ne pouvait vaquer convenablement au soin de la paroisse, ni consacrer un temps suffisant à la direction de la communauté.

Les sœurs obtiennent un chapelain.

Quand monseig. Bouvier eut pris possession de l'évêché du Mans, il régla, par une ordonnance du 8 juillet 1834, les attributions et l'autorité respec-

Chapelle provisoire des sœurs.

tives du curé d'Évron et du chapelain de la maison chef-lieu de la congrégation des sœurs de la charité. Celles-ci ont maintenant un office particulier : elles ont improvisé une chapelle, dans l'infirmerie des sœurs anciennes. Cette chapelle provisoire et le cimetière qu'elles ont établi, dans leur enclos, par une permission spéciale, ont été bénits, le 11 octobre 1833, par monseig. Bouvier, alors vicaire-général capitulaire.

Cimetière des sœurs.

Construction de la chapelle des sœurs.

La première pierre de la chapelle, que la congrégation fait construire, et qui est bientôt terminée, a été posée, le 25 juillet 1835. Cet édifice a été mal-à-propos adossé au mur du tranceps septentrional de la belle église abbatiale. La principale porte est de construction grecque et les fenêtres sont ogives et ornées de vitraux peints. A l'intérieur, la voûte est en plein cintre et formée avec des briques recouvertes de plâtre : on a figuré sur les murs des décorations gothiques ; de sorte que cette chapelle est un mélange de divers styles. Monseig. l'évêque du Mans doit la consacrer solennellement le 31 mai de cette année 1838.

État de la ville d'Évron avant et depuis 1790.

Quoiqu'Évron soit situé sur un sol marécageux, la ville est assez agréable ; les rues sont larges, mais elles ne sont pas encore pavées. Elles étaient si mauvaises, avant la révolution, qu'il était dangereux d'y aller à cheval, et dans plusieurs endroits, il existait des marécages pleins d'une eau croupissante.

En 1790, le district se mit en devoir de faire niveler le terrain : le département fournit les deux tiers des frais et la commune se chargea du reste. En 1816, M. Serclot-des-Guyonnières, maire à cette époque, entreprit les grandes et belles promenades qu'on voit au bas de la rue des Prés. Elles servent de champ-de-foire : auparavant les bestiaux se vendaient dans l'intérieur de la ville et la circulation était presqu'impossible.

Promenade et champ-de-foire.

L'année précédente, s'était faite la liquidation de la dette de 5,605 fr., contractée pour l'acquisition des halles. Elles étaient anciennement du domaine de l'abbé ; mais, comme elles n'avaient point été aliénées, pendant la révolution, elles firent d'abord partie de la dotation de l'une des sénatoreries créées par Bonaparte, et ensuite elles furent louées au profit de la caisse d'amortissement. M. Bouvet, maire d'Évron, s'en rendit adjudicataire, le 28 mai 1808, avec l'intention de les céder à la commune. Quoique celle-ci eût été autorisée à en faire l'acquisition, par un décret impérial du 3 septembre 1811, l'acte de cession définitive n'est que du 22 décembre 1815 ; il est dû à l'activité et aux soins de M. Serclot-des-Guyonnières. Dès qu'il eut succédé à M. Bouvet, il s'empressa de terminer une affaire trop long-temps négligée par son prédécesseur qui avait été menacé plusieurs fois de déchéance par le directeur général d'amortissement.

La commune d'Évron fait l'acquisition des halles.

Réparations des chemins vicinaux.

L'administration de M. des-Guyonnières fut pleine de fermeté, de sagesse et de justice : elle lui a mérité l'estime et la reconnaissance de ses concitoyens. Il donna sa démission en 1830, et il eut pour successeur M. Ollivier, dont l'administration est aussi justement appréciée. Le premier, il s'est occupé, avec un zèle éclairé, à réparer les chemins vicinaux qui conduisent à la ville d'Évron : ils étaient impraticables et ils la rendaient presqu'innaccessible. M. Ollivier avait à peine entrepris ce travail si intéressant, que le gouvernement fit ouvrir, en 1833, deux grandes routes départementales et quatre routes stratégiques, qui sont terminées, à l'exception de celle de Mayenne, et qui donneront plus tard une certaine importance à cette localité. Ses précieux monumens, généralement ignorés jusqu'à ce moment, fixent déjà l'attention des amateurs. Mais la belle église abbatiale des bénédictins marche rapidement vers sa ruine : l'extérieur est dans le plus mauvais état, et l'eau, qui s'infiltre dans les murs, qui pénètre même souvent jusque sur les voûtes, occasionne à l'intérieur de fâcheuses dégradations. Les quatre petites voûtes du bas côté de la vieille église, ouvrage de la fin du Xe siècle, peuvent tomber inopinément et causer de grands malheurs. Il est étonnant que le plein cintre soit aussi surbaissé et que l'intrados, devenu presque plat, se soutienne avec les crevasses. Celle qui est située au-dessus de la grande porte d'entrée, est la plus dangereuse.

Routes départementales et stratégiques.

Les marguilliers, justement effrayés, et voulant prévenir des accidens d'une terrible conséquence, viennent de faire dresser, par un architecte, le devis des réparations d'urgente nécessité : il s'élève à 25,886 fr. 3 cent., somme énorme pour la fabrique, dont les revenus suffisent à peine aux simples réparations locatives (37). Le ministre des cultes aura, sans doute, égard à la réclamation, que doit lui adresser incessamment le conseil de fabrique; elle est puissamment appuyée d'avance par *la société française pour la conservation des monumens* qui, dans l'une de ses séances tenue au Mans, le 23 juin 1837, sous la présidence de M. de Caumon, a alloué 200 fr., pour les réparations les plus pressantes de l'église monumentale d'Évron. Cet édifice remarquable est bien digne aussi de tout l'intérêt du conseil général du département : ce serait un honneur pour lui de

L'église abbatiale d'Évron doit exciter l'intérêt du gouvernement et du conseil général du département.

(37). Le conseil de fabrique, désireux d'augmenter ses revenus, a fait récemment disparaître les chaises qui étaient en usage dans l'église d'Évron et il les a remplacées par des bancs. Les premiers ont été placés, au commencement de décembre 1836, et les derniers au mois de juillet suivant. Néanmoins les revenus de la fabrique s'élèvent à peine à 3,000 fr. Il reste une somme bien minime pour les réparations de cet immense édifice, quand les traitemens des deux vicaires, des chantres, etc.; ainsi que les frais du culte ont été prélevés.

Avant l'établissement des bancs, les allées de l'église étaient étroites, irrégulières et les chaises placées pêle-mêle offraient un spectacle vraiment désagréable. Maintenant elles sont larges et l'œil est flatté en voyant la régularité qui existe.

concourir à conserver au culte un temple précieux, au département de la Mayenne son plus beau monument, et aux arts un chef-d'œuvre magnifique du moyen âge.

FIN DE LA NOTICE.

TABLEAU CHRONOLOGIQUE DES ABBÉS D'ÉVRON.

Années de la prise de possession.

ABBÉS RÉGULIERS.

648. Agobert de Diablinte.

On ignore les noms des abbés qui gouvernèrent le monastère jusqu'à l'invasion des Normands au IXe siècle parce que ces barbares détruisirent les archives.

Les abbés qui le gouvernèrent après sa restauration par Robert, vicomte de Blois sont :

988. Thedbert.
1015. Durand.
1060. Daniel.
1064. Guillaume.

Un abbé dont le nom est inconnu.

1125. Daniel le Chauve.
1144. Geoffroi.
1148. Odon.
1172. Herbert.
1178. Geoffroi de la Chapelle.
1205. Pierre du Châtel.
1223. Gilles de Castellun.
1241. Hernaud.
1260. Jean.
1288. Guillaume de Porton.
1300. Gervais Langlois.
1319. Jean de la Haie.
1332. Jacques.
1335. Guillaume.
1379. Alain-Duplessis-de-Châtillon.
1399. Fouquel-des-Vaux.
1404. Simon de Boiscornu.
1416. Jean Brandeau.
1437. Étienne de St.-Bertevin.
1453. Jean de Favières.

ABBÉS COMMENDATAIRES.

1482. François de Bavallon.
1485. François de Châteaubriant.
1519. Nicolas de Châteaubriant.
1533. René Boursault.
1547. Jacques de Vitry de Larrière.
1555. Jacques d'Apchon.
1564. Étienne Heuste.
1588. Guy Adelée.
1596. Jean de Balsac d'Entragues.

1610. Nicolas de Balsac.
1611. Claude Belot.
1616. Pierre Mortier.
1635. Achille le-Petit-de-Gournai.
1657. Michel Amelot.
1683. Charles Amelot.
1694. Jean d'Étrées.
1718. Charles - Gabriel de St.-Pierre-de-Castel-de-Crevecœur.
1748. Claude Ignace de Simiane.
1768. Mauduit Duplessis.
1771. Jean Duplessis d'Argentré.
1782. Eutrope-Alexis de Chardebœuf-de-Pradel.

OFFICIERS DU MONASTÈRE DE N.-D. D'ÉVRON.

Le prieur claustral.
Le sous-prieur.
L'infirmier.
Le cellérier.
Le chambrier.
Le prévôt.
Le sacristain.
L'armoirier.
L'aumônier.
Le chantre.
Les deux chapelains de l'aumône.

PRIEURÉS

QUI DÉPENDAIENT DE L'ABBAYE D'ÉVRON.

Le prieuré de Bernes près Mayenne.
Le prieuré de Champgeneteux.
Le prieuré de Changé, près Laval.
Le prieuré de Chemeré-le-Roi.
Le prieuré d'Entrammes.
Le prieuré de Gesnes.
Le prieuré de Lincé.
Le prieuré de Lunay - en - Vendômois.
Le prieuré de Neau.
Le prieuré de la Ramée.
Le prieuré de St.-Ouën-des-Toits, près Laval.
Le prieuré de St. - Pavin - des-Champs-lès-le-Mans.
Le prieuré de St.-Pierre-de-Torcé-en-Charnie.
Le prieuré de St.-Symphorien-en-Charnie.
Le prieuré de Thorigné.
Le prieuré de Trans.
Le prieuré de Vaiges.

DOYENNÉ D'ÉVRON.

LE DOYENNÉ D'ÉVRON COMPRENAIT 32 PAROISSES ET 1 SUCCURSALE.

Aron.
Assé-le-Bérenger.
Bais.
La Bazoge-Mont-Pinçon.
La Bazouge-des-Alleux.
Belgéard.
Brée.
Châlons.

Champgeneteux.
Châtres.
St.-Christophe-du-Luat.
Commer.
Deux Évailles.
Évron.
Ste-Gemmes-le-Robert.
St.-Georges-sur-Erve.
Gesnes.
Hambers.
Izé.
Livet.
Mézangers.
Montourtier.
Montsûrs.
Moulay.
Neau.
Neuvilette.
St.-Ouën-des-Oies.
Ste.-Suzanne.
Torcé.
Trans.
Viviers.
Voutré.
Blandouet, succursale de Viviers.

PAROISSES

A LA PRÉSENTATION DE L'ABBÉ D'ÉVRON.

L'abbé d'Évron présentait à la cure de *Laignelet*, dans le diocèse de Rennes et il présentait, dans le diocèse du Mans, aux 35 cures suivantes :

Bais.
St.-Baudelle.
La Bazoge-Mont-Pinçon.
Châlons.
Chammes.
Champéon.
Champgeneteux.
Changé, près Laval.
La Chapelle-au-Riboul.
La Chapelle-Rainsouin.
Chemeré-le-Roi.
St.-Chistophe-du-Luat.
Cures.
St.-Denis-d'Orques.
Entrammes.
Évron.
Ste.-Gemmes.
Gesnes.
St.-Germain-le-Fouilloux.
Izé.
St.-Léger.
Lunay (en Vendômois).
Moulay.
Neau.
St.-Ouën-des-Toits.
St.-Pavin-des-Champs.
Les Roches-l'Évêque-en-Vendômois.
Ste-Suzanne.
St.-Symphorien.
Thorigné.
Torcé.
Trans.
Vaïges.
Viviers (Blandouet, succursale de Viviers.)
Voutré.

PAROISSES

A LA PRÉSENTATION DES RELIGIEUX D'ÉVRON.

Châtres.

Mézangers.

PAROISSES

QUI DÉPENDAIENT DU BAILLIAGE D'ÉVRON.

Bais.
Champgeneteux.
Châtres.
St.-Christophe.
Cures.
Évron.
St.-Gemmes-le-Robert.
Izé.
Neau.
Torcé.

COMMUNES DU CANTON D'ÉVRON.

LE CANTON D'ÉVRON COMPREND 11 COMMUNES.

Assé-le-Bérenger.
Châtres.
St.-Christophe-du-Luat.
Évron.
Ste.-Gemmes-le-Robert.
St.-Georges-sur-Erve.
Livet.
Mézangers.
Neau.
Vimarcé.
Voutré.

FIN.

PRINCIPAUX ERRATA.

Page 12, ligne 27, lisez *plaignait*, au lieu de *plaignit*.
Page 15, note 14, lisez *canon*, au lieu de *cont*.
Page 37, ligne 26, lisez *le*, au lieu de *la*.
Page 58, ligne 20, lisez *et les autres lieux*, au lieu de *et autres lieux*.
Page 67, ligne 5, lisez *des Noës*, au lieu *de Noës*.
Page 71, ligne 5 de la note, lisez *cœlis*, au lieu de *coelis*.
— ligne 6 de la note, lisez *quæ*, au lieu de *que*.

Le lecteur réformera lui-même plusieurs fautes de ponctuation et d'orthographe qui se sont glissées, malgré les précautions qui ont été prises.

Laval, imp. de Sauvage-Hardy, rue Napoléon.

www.ingramcontent.com/pod-product-compliance
Ingram Content Group UK Ltd.
Pitfield, Milton Keynes, MK11 3LW, UK
UKHW022119190726
13855UKWH00003B/965

9 782013 046992